técnicas e métodos de
AVALIAÇÃO
de DESEMPENHO

EDITORA intersaberes

O selo DIALÓGICA da Editora InterSaberes faz referência às publicações que privilegiam uma linguagem na qual o autor dialoga com o leitor por meio de recursos textuais e visuais, o que torna o conteúdo muito mais dinâmico. São livros que criam um ambiente de interação com o leitor – seu universo cultural, social e de elaboração de conhecimentos –, possibilitando um real processo de interlocução para que a comunicação se efetive.

DIALÓGICA

Técnicas
e métodos de avaliação
de desempenho

Cley Jonir Foster Jardeweski
Gustavo Luiz Foster Jardeweski

EDITORA
intersaberes

Rua Clara Vendramin, 58 . Mossunguê
CEP 81200-170 . Curitiba . PR . Brasil
Fone: (41) 2106-4170
www.intersaberes.com
editora@editoraintersaberes.com.br

Conselho editorial	Dr. Ivo José Both (presidente)
	Dra. Elena Godoy
	Dr. Nelson Luís Dias
	Dr. Neri dos Santos
	Dr. Ulf Gregor Baranow
Editora-chefe	Lindsay Azambuja
Supervisora editorial	Ariadne Nunes Wenger
Analista editorial	Ariel Martins
Capa	Sílvio Gabriel Spannenberg
Projeto gráfico	Fernando Zanoni Szytko

Dados Internacionais de Catalogação na Publicação (CIP)
(Câmara Brasileira do Livro, SP, Brasil)

Jardeweski, Cley Jonir Foster
  Técnicas e métodos de avaliação de desempenho/Cley Jonir Foster Jardeweski, Gustavo Luiz Foster Jardeweski. – Curitiba: InterSaberes, 2014.

  Bibliografia.
  ISBN 978-85-443-0056-5

  1. Pessoal – Avaliação I. Jardeweski, Gustavo Luiz Foster. II. Título.

14-09200   CDD-658.3125

Índices para catálogo sistemático:
1. Avaliação de desempenho: Pessoal: Administração de empresas 658.3125
2. Avaliação de pessoal: Administração de empresas 658.3125

Foi feito o depósito legal.
1ª edição, 2014.

Informamos que é de inteira responsabilidade dos autores a emissão de conceitos.
Nenhuma parte desta publicação poderá ser reproduzida por qualquer meio ou forma sem a prévia autorização da Editora InterSaberes.
A violação dos direitos autorais é crime estabelecido na Lei n. 9.610/1998 e punido pelo art. 184 do Código Penal.

Sumário

7 *Dedicatória*

9 *Agradecimentos*

11 *Apresentação*

13 *Como aproveitar ao máximo este livro*

17 *Introdução*

1

20 Desempenho humano
22 1.1 As mudanças e o desempenho humano nas organizações
24 1.2 Avaliação de desempenho humano nas organizações
29 1.3 Avaliação de desempenho: um desafio

2

40 Avaliação de desempenho profissional
43 2.1 Fatores que fundamentam uma boa avaliação de desempenho profissional
44 2.2 A atuação dos gestores na avaliação de desempenho profissional
45 2.3 O foco da avaliação de desempenho profissional
46 2.4 Dados que dão subsídio à avaliação de desempenho profissional
48 2.5 Análise do trabalho
50 2.6 O fator motivacional da avaliação de desempenho
51 2.7 Objetivos da avaliação de desempenho
54 2.8 Vulnerabilidade da avaliação de desempenho
55 2.9 Cuidados na realização da avaliação de desempenho
56 2.10 Processo de avaliação de desempenho de Lucena

3

- 66 Ferramentas para avaliar desempenho
- 67 3.1 Objetivos intermediários da avaliação de desempenho profissional segundo Chiavenato
- 69 3.2 Os responsáveis pelas avaliações de desempenho
- 72 3.3 Tipos de instrumentos e métodos de avaliação de desempenho

4

- 90 Mercado e tendências
- 92 4.1 Mais sobre avaliação de desempenho
- 92 4.2 Novas tendências em avaliação de desempenho
- 93 4.3 Tendências sugeridas por Chiavenato
- 95 4.4 Treinamento dos avaliadores
- 99 4.5 *Feedback* ou retroalimentação
- 101 4.6 O que é *feedback*?
- 102 4.7 Subjetividade e *feedback*
- 103 4.8 O impacto do *feedback* sobre a melhoria do desempenho
- 103 4.9 Técnicas de *feedback* de Moscovici
- 105 4.10 Gestão de desempenho inadequado
- 108 4.11 Recompensas

- 117 *Estudo de caso*
- 121 *Para concluir...*
- 125 *Referências*
- 129 *Respostas*
- 139 *Sobre os autores*

Dedicatória

Dedicamos este trabalho aos amigos, à família, às boas companhias, ao bem-estar, à nossa querida mãe (*in memoriam*) e a tudo o que remete ao bem, que em todos os seus aspectos tem a possibilidade de mudar o mundo para melhor com o menor dos gestos e de maneiras grandiosas.

Agradecimentos

Agradecemos à nossa querida família, aos amigos e aos colegas de profissão que puderam, ao longo de muitos anos de trabalho, auxiliar na construção desta obra, seja com exemplos, seja com palavras de incentivo. Ao nosso pai, João J., por todo o carinho, o suporte e a compreensão. À tia Clemir, que, mesmo de longe, mantém todos os cuidados de mãe! À querida Carla Patrícia Souza, pela oportunidade, pelo apoio, pelas risadas em todos os momentos e, sobretudo, pela profunda amizade! Aos queridos amigos-irmãos, Zeca, Antônio, Caco e tio Nilvo, que sempre se fazem presentes de uma forma ou de outra.

Os AUTORES

Ao admirado amigo, professor, fisioterapeuta e quiropraxista Fernando Azevedo, pelos cuidados com a minha coluna e saúde, livrando-me das dores que me acompanharam diariamente por mais de uma década!

CLEY JARDEWESKI

Apresentação

Esta obra discorre sobre conteúdos relevantes das áreas de administração e administração de recursos humanos, discutidos nas mais diversas universidades e em centros de estudo do mundo inteiro. Buscamos adotar uma linguagem clara, objetiva e de fácil entendimento, trazendo à pauta temas atuais.

O Ministério da Educação (MEC), desde a sua fundação em 1930, tem elaborado e desenvolvido ações e programas educacionais para todas as regiões do país, muitos dos quais precederam o desenvolvimento deste livro. O sistema de educação e ensino brasileiro, mesmo com todas as falhas e ineficiência, sempre recebeu atenção do governo, de estudiosos e da sociedade, sendo foco de atenção, preocupação, pesquisas e muito trabalho (MEC, 2014).

Ao lançar o Plano de Desenvolvimento da Educação (PDE), em 2007, o MEC reforçou uma visão sistêmica da educação, com ações integradas, e buscou investir na educação nos níveis básico, profissional e superior. Com a intenção de preparar mais rapidamente a população brasileira em termos técnicos, acadêmicos e científicos, o governo autorizou nos cursos superiores regulares a incorporação da modalidade de ensino a distância (EaD), a qual deve seguir todas as determinações legais definidas e detalhadas nos decretos n. 5.622, de 19 de dezembro de 2005, n. 5.773, de 9 de maio de 2006 e n. 6.303, de 12 de dezembro de 2007, assim como nas portarias n. 1, de 10 de janeiro de 2007, n. 2, de 10 de janeiro de 2007 (revogada), n. 40, de 13 de dezembro de 2007 e n. 10, de 2 julho de 2009.

Essas ações promoveram a inclusão social de pessoas que residem onde não há instituições de ensino superior, concedendo-lhes a oportunidade de continuar os estudos sem a necessidade de se mudar ou se deslocar para outras cidades.

Além da modalidade de EaD, o governo brasileiro também autorizou em todo o país a criação de cursos superiores capazes de preparar a população em termos técnicos, acadêmicos e científicos mais rapidamente, com duração mínima de dois anos. São as chamadas *graduações tecnológicas* ou *cursos tecnólogos*, conforme determinado e definido no Decreto nº 5.154, de 23 de julho de 2004.

Por meio dessas e de outras estratégias, o governo brasileiro buscou e ainda busca favorecer o acesso a cursos superiores tecnológicos, os quais, em grande parte, oferecem disciplinas na modalidade a distância. Em conformidade com essas diretivas e determinações legais estabelecidas pelo governo brasileiro, esta obra foi desenvolvida para auxiliar os estudos na área de ciências sociais aplicadas, especificamente no se refere à **avaliação de desempenho**, em cursos de graduação nas modalidades presencial, semipresencial e a distância.

Sobre o assunto central da obra, os leitores terão a oportunidade de compreender não apenas temas direta e indiretamente relacionados, mas também detalhes sobre a avaliação de desempenho, a composição, atribuições, objetivos, desafios e vulnerabilidades, além de algumas ferramentas para auxiliar no monitoramento, nas tendências e nas técnicas. Os leitores também poderão contar com muitos exercícios em cada seção do livro, cuja resolução visa favorecer a compreensão e a memorização dos conteúdos. Ao final da obra, disponibilizamos as respostas aos exercícios propostos e comentários, de modo a favorecer o processo de aprendizagem.

Esperamos que esta obra, elaborada com uma linguagem acessível, porém técnica, contribua positivamente para o desenvolvimento e a qualificação profissional, facilitando os estudos e a integração com colegas e professores, tanto em sala de aula como em fóruns virtuais.

Como aproveitar ao máximo este livro

Este livro traz alguns recursos que visam enriquecer o seu aprendizado, facilitar a compreensão dos conteúdos e tornar a leitura mais dinâmica. São ferramentas projetadas de acordo com a natureza dos temas que vamos examinar. Veja a seguir como esses recursos se encontram distribuídos no decorrer desta obra.

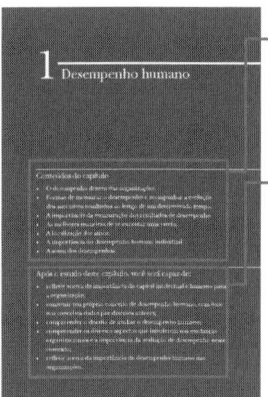

Conteúdos do capítulo
Logo na abertura do capítulo, você fica conhecendo os conteúdos que nele serão abordados.
Após o estudo deste capítulo, você será capaz de:
Você também é informado a respeito das competências que irá desenvolver e dos conhecimentos que irá adquirir com o estudo do capítulo.

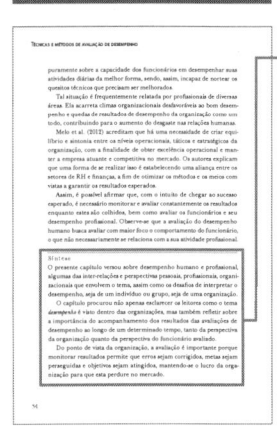

Síntese
Você dispõe, ao final do capítulo, de uma síntese que traz os principais conceitos nele abordados.

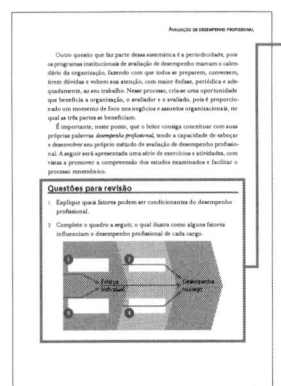

Questões para revisão
Com estas atividades, você tem a possibilidade de rever os principais conceitos analisados. Ao final do livro, os autores disponibilizam as respostas às questões, a fim de que você possa verificar como está sua aprendizagem.

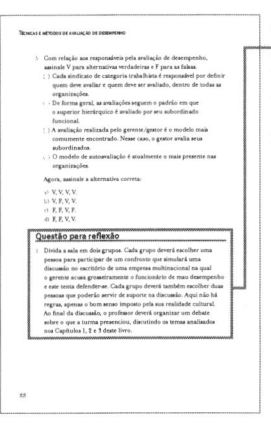

Questões para reflexão
Nesta seção, a proposta é levá-lo a refletir criticamente sobre alguns assuntos e a trocar ideias e experiências com seus pares.

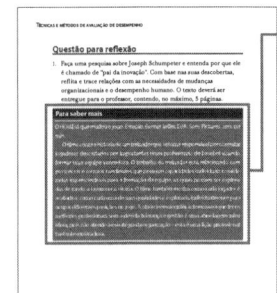

Para saber mais
Você pode consultar as obras indicadas nesta seção para aprofundar sua aprendizagem.

Estudo de caso

Esta seção traz ao seu conhecimento situações que vão aproximar os conteúdos estudados de sua prática profissional.

Introdução

A dura realidade competitiva do mundo dos negócios acabou impondo desafios muito difíceis de serem superados (como a constante necessidade de aprender), tanto para as organizações quanto para as pessoas que nelas trabalham.

Bader, Bloom e Chang (2000, p. 7) entendem que as organizações que dispõem de alguma vantagem no quesito *competitividade* são aquelas que conseguem manter-se aprendendo continuamente.

Do ponto de vista da organização, a dificuldade é gerada por uma série de fatores, como a alteração de regras e leis e a necessidade de atualização de conhecimentos, fluxos de dados e informações da organização que constantemente se alteram ou atualizam. Da mesma forma, os profissionais que se atualizam acabam sendo mais desejados pelo mercado, o que obriga a organização a trabalhar mais nos seus subsistemas de recursos humanos (RH) – em especial, na manutenção dos profissionais.

Do ponto de vista do indivíduo, a dificuldade se encontra em absorver essa enorme quantidade de informações constantemente atualizadas, aplicando os conhecimentos no seu trabalho diário e realizando as necessárias adaptações, de forma a ser bem avaliado a cada tarefa. O indivíduo que consegue obter novos conhecimentos se torna um profissional mais desejado pelo mercado, o que pode favorecer sua ascensão hierárquica na organização em que trabalha ou sua saída da organização, já que é possível que tais conhecimentos sejam solicitados por organizações concorrentes, as quais normalmente acabam por oferecer salários melhores.

Desse modo, tanto a organização quanto os seus funcionários sofrem pressões e ambos estão interligados pela evolução do mercado. Contudo, é preciso perceber que a organização só existe porque há pessoas que executam atividades em benefício dela – em suma, pessoas que a representam.

Assim como fizemos nos parágrafos anteriores, os autores Melo, Reis, Pereira e Ferreira (2012, p. 40) também enaltecem a importância do fator humano e da individualidade de cada colaborador nas organizações, explicando que na atualidade o setor de RH é considerado a maior fonte de competitividade no cenário empresarial, o que exige dele uma visão estratégica tanto da gestão de negócios quanto da gestão de pessoas. Isso demanda maior integração entre o RH e as demais áreas da empresa. Nesse contexto, o setor de RH deve ser responsável por compreender quais são as necessidades de cada área, o que está sendo inovado, quais são os conhecimentos que seus colaboradores devem ter e o que esses colaboradores esperam da organização, para que finalmente se compreenda qual é a melhor forma de mantê-los. Além disso, o RH, juntamente com os gestores de cada área, deve ter a habilidade de prever quais conhecimentos serão necessários num futuro breve, para que se ofereçam treinamentos aos funcionários, garantindo-se, assim, o seu desenvolvimento técnico-intelectual.

Do ponto de vista da área em questão, os gestores devem trabalhar com o RH a fim de assegurar que os novos profissionais recrutados para ingressar na organização tenham a gama de conhecimentos necessários e/ou desejáveis, além do perfil para aprender os novos conhecimentos exigidos.

É preciso compreender que, apesar de diversos fatores essenciais para o funcionamento da organização estarem diretamente ligados ao setor de RH e dependerem dele, este não é responsável por exercer todas as atividades da organização sozinho. Além de cumprir e executar as tarefas que são de sua exclusiva função, cabe ao RH prestar assistência e suporte às demais áreas da organização no que diz respeito, por exemplo, ao esclarecimento de políticas e procedimentos de RH, como informações sobre folha de pagamento, férias, horas extras, bancos de horas e contratação de novos funcionários. Assim, o RH deve estar envolvido em atividades nas quais precisa compartilhar responsabilidades com os gerentes de outras áreas da organização ou delegá-las a eles, garantindo todo o suporte necessário ao longo da realização de processos.

Melo et al. (2012, p. 40) explicitam também a importância do setor de RH no contexto de mudanças, no qual o setor é responsável por direcionar estrategicamente funcionários e gestores – lembrando que estes são considerados fonte de vantagem competitiva da organização. Uma situação em que o RH exerce fundamental importância, mas não é o único responsável pela ação desenvolvida, ocorre quando se define um programa de avaliação de desempenho e se criam regras, diretrizes, procedimentos etc. Nesse contexto, o RH é responsável por disseminar tais conhecimentos pela organização, devendo-se levar em conta, no entanto, que o processo só será efetivo se os gerentes seguirem tais diretrizes.

A importância do RH também aparece na **administração estratégica**. Para Almeida, Teixeira e Martinelli (1993, p. 12), esse setor exerce o papel de descobrir e compreender as necessidades dos funcionários. Esses autores estudaram a necessidade de aproximar a administração de RH das áreas estratégicas da organização e concluíram que, com vistas à eficácia organizacional, é preciso que essa estratégia esteja presente em todas as áreas da empresa, incluindo a de RH.

Tendo o RH participado das reuniões estratégicas da organização, ele passa a ser o porta-voz da empresa perante os funcionários, podendo auxiliar na conciliação e na definição dos interesses e objetivos empresariais, de modo a atender não só aos objetivos da empresa, mas também às necessidades dos funcionários e de todos os outros *stakeholders*. Nesse sentido, o RH também trabalha para verificar se os interesses dos funcionários estão de acordo com os interesses e objetivos da organização.

Assim, é importante explicitar a relação entre o suporte dado pelo RH às estratégias da organização e as atividades desenvolvidas por esse setor para conseguir alcançar efetivamente os resultados esperados – entre essas atividades, encontra-se, necessariamente, a **avaliação de desempenho profissional**.

Com base nessa perspectiva, torna-se facilmente perceptível a importância do setor de RH dentro da organização, pois este objetiva fazer com que os interesses dos funcionários e da organização se encontrem e se complementem. Para isso – e por meio de um monitoramento constante das estratégias da organização, de cada uma das áreas da empresa e dos funcionários (em relação à função e/ou ao cargo ocupado) –, o RH busca formas de auxiliar os colaboradores na melhoria de seu desempenho.

A **avaliação de desempenho** é uma atividade que ocupa grande parte do tempo do setor de RH, uma vez que é por meio dela que é realizado o acompanhamento efetivo de todas as funções desempenhadas dentro da organização, além de ser também uma forma importante de subsidiá-la com informações para a readequação ou a criação de novas estratégias.

1 Desempenho humano

Conteúdos do capítulo

- O desempenho dentro das organizações.
- Formas de mensurar o desempenho e acompanhar a evolução dos sucessivos resultados ao longo de um determinado tempo.
- A importância da mensuração dos resultados de desempenho.
- As melhores maneiras de se executar uma tarefa.
- A localização dos ativos.
- A importância do desempenho humano individual.
- A soma dos desempenhos.

Após o estudo deste capítulo, você será capaz de:

- refletir acerca da importância do capital intelectual e humano para a organização;
- construir seu próprio conceito de desempenho humano, com base nos conceitos dados por diversos autores;
- compreender o desafio de avaliar o desempenho humano;
- compreender os diversos aspectos que interferem nas mudanças organizacionais e a importância da avaliação de desempenho nesse contexto;
- refletir acerca da importância do desempenho humano nas organizações.

A preocupação da sociedade em acompanhar o desempenho humano é conhecida de longa data – Chiavenato (2009, p. 246) defende que essa preocupação existe desde a Idade Média. Shigunov Neto (2000, p. 67) sugere também que as avaliações do desempenho humano existem desde sempre, sendo parte do processo de evolução da humanidade ao longo de milênios de história.

Esse mesmo autor ainda expressa seu entendimento de que "O pensamento administrativo entra em uma nova fase de sua existência, onde conceitos de qualidade, valorização do ser humano, readministração[1], liderança e estratégias de remuneração começam a ganhar importância no meio empresarial e organizacional" (Shigunov Neto, 2000, p. 68). O autor explica que a avaliação de desempenho é uma técnica de diagnóstico e análise de desempenho individual e grupal que busca avaliar, mensurar, desenvolver e priorizar conhecimentos já adquiridos e também aqueles que ainda deverão ser desenvolvidos, focando sempre em obter mais produtividade e melhor desempenho organizacional. Contudo, além de ser uma "técnica", a avaliação de desempenho é uma ferramenta robusta e complexa, que envolve diversas facetas e perspectivas de análise, na qual o avaliador, por meio de um programa estruturado, pode transformar as metas e os objetivos da organização em um mapa que seja seguido facilmente para a obtenção do sucesso (Shigunov Neto, 2000, p. 95).

Lucena (1992, p. 18) esclarece que a grande importância de se gerir o desempenho dentro das organizações é poder realmente entender se os objetivos traçados de modo estratégico estão sendo alcançados, e isso necessariamente levanta outros pontos de atenção, como entender se o desempenho das equipes foi satisfatório e verificar quais funcionários têm melhor desempenho, quais se esforçam mais, quais habilidades foram desenvolvidas ao longo do período, quais habilidades ainda

---

[1] Readministração: O autor utiliza o termo para se referir a "um novo modelo de gerência", fazendo menção aos atuais processos de reengenharia e controle da qualidade, que são responsáveis por utilizar informações disponíveis para consertar erros e imperfeições, melhorando o que já existe. Outro termo que poderia ter sido utilizado como sinônimo e que posteriormente também será abordado nesta obra é *feedback*.

precisam ser desenvolvidas, quais funcionários contribuem mais para a organização etc.

Tendo em vista que o desempenho constitui um assunto importante para as organizações, é preciso que se identifiquem os diversos motivos que poderiam, de uma forma ou de outra, justificar essa afirmação. Sabe-se que compreender o desempenho humano permite aos administradores entender quem são os seus recursos humanos mais importantes dentro de seu quadro funcional, quais estão realmente comprometidos com a organização, com o trabalho que estão desenvolvendo, com os resultados colhidos, com os outros recursos humanos que ali atuam, entre outros aspectos.

1.1 As mudanças e o desempenho humano nas organizações

Lucena (1992, p. 13) percebe que qualquer discussão técnica sobre as organizações parte de discussões sobre o desempenho e a produtividade em relação ao ambiente, em virtude da dificuldade de se preverem as rápidas mudanças que ocorrem no mundo moderno – e, consequentemente, nas organizações. O autor explica ainda que essas mudanças acontecem sem nenhum tipo de programação estratégica ou fixação de objetivos para o desenvolvimento planejado das sociedades ao redor do mundo e que, de certa forma, tais mudanças são reflexo de decisões individuais de recursos humanos, executadas por outros recursos humanos, e que a somatória de tantas mudanças é exatamente o que culmina nas mudanças gerais e nas tendências percebidas mundo afora.

Dessa forma, o ser humano acaba obrigado a mudar, a melhorar, a reinventar-se, buscando adaptar-se para responder às necessidades impostas pelo mercado e pelas mudanças que nele ocorrem. Em consequência disso, as organizações também tentam adaptar-se, forçando e compelindo seus recursos humanos a se tornarem mais ágeis, habilidosos conhecedores de sua profissão e dos fatos do mundo, para atingir melhor qualificação profissional e assumir novas responsabilidades, desafios e riscos associados às suas novas escolhas, seja em caráter local, seja em caráter mundial. O autor ainda ressalta que os recursos humanos promovem mudanças que refletem de modo definitivo no cenário mundial e em todas as sociedades. Portanto, as organizações monitoram o desempenho individual, pois é ele que determina o seu sucesso (Lucena, 1992, p. 13). Segundo Bader, Bloom e Chang (2000, p. 17), apenas equipes bem-sucedidas se empenham em atingir resultados positivos. Os autores citam exemplos de avaliações de desempenho satisfatórias, mostrando como a eficácia pode ser avaliada, como se melhora a motivação e como se aplicam eventuais recompensas. Lucena (1992, p. 15) entende que as avaliações de desempenho têm base nas percepções e no reconhecimento do desempenho humano, sendo estes os fatores propulsores do sucesso da organização, e adiciona ser preciso que a própria organização compreenda por que o desempenho é importante para ela, a fim de poder direcionar seus recursos para o desenvolvimento.

Bohlander e Snell (2010, p. 298) explicam que a organização pode se valer das avaliações de desempenho humano a fim de não apenas compreender o cenário atual, como também recrutar novos recursos que dominem o conhecimento que a organização ainda não detém, recrutar novos recursos para substituir os que porventura não estejam apresentando o desempenho esperado, fortalecer alguma equipe que vá realizar ou já esteja realizando algum projeto muito importante para o futuro da organização etc.

Esses mesmos autores defendem ainda que o desempenho humano é responsável pelo desempenho da organização. Ora, sabendo que o desempenho individual reflete no desempenho do grupo e da própria organização, as organizações passaram a dedicar muito de seu tempo para estudar como funcionam os processos mais eficientes e eficazes de se acompanhar e avaliar o desempenho de seus funcionários.

Sabe-se que a avaliação de desempenho é uma das ferramentas mais poderosas e valiosas para as organizações, visto que lhes permite monitorar e garantir que os objetivos da organização sejam cumpridos. Bader, Bloom e Chang (2000, p. 17) corroboram tal afirmação, afirmando que a tarefa dos indivíduos e das equipes é contribuir para o sucesso da organização, fazendo com que os resultados, as metas, os objetivos e as estratégias desenhadas, planejadas e esperadas sejam atingidas, cumpridas e até excedidas, nas áreas de vendas, produção, qualidade, satisfação, atendimento, entre outras.

1.2 Avaliação de desempenho humano nas organizações

Muito se fala sobre **desempenho nas organizações**, mas nem todos conhecem os significados específicos que derivam do termo, correndo, assim, o risco de haver uma interpretação desajustada ou até inadequada.

Na área de administração, é importante observar que muitas palavras são utilizadas no idioma inglês, o que pode acarretar interpretações diversas para determinados assuntos, já que é bastante comum as organizações misturarem termos em inglês e português.

Um exemplo disso é o fato de no termo *avaliação de performance* a palavra *performance* (termo do idioma inglês) corresponder a *desempenho*, em português. Segundo os dicionários Apple Inc. (2011) e Priberam (2013), o vocábulo *desempenho* apresenta vários significados, o que torna seu uso muito versátil:

- atividade ou processo de realizar, desempenhar, resgatar, cumprir ou modo de representar uma ação, tarefa, função, operação;
- condição de sucesso ou insucesso de ação, tarefa, função ou operação realizada;
- capacidades de uma máquina, veículo ou produto, especialmente quando observado sob condições específicas;
- o quanto um investimento é lucrativo, especialmente em relação a outros investimentos.

Para compreendermos a importância da avaliação de desempenho, precisamos antes entender a importância dos recursos humanos. Cada vez mais, vem se tornando consenso entre os estudiosos e gestores a visão de que os recursos humanos são de extremo valor nas organizações. Chiavenato (2004, p. 34) identifica que "As empresas perceberam que as pessoas constituem o elemento [principal] do seu sistema nervoso, que introduz a inteligência nos negócios e a racionalidade nas decisões. Tratar as pessoas como recursos organizacionais é um desperdício de talentos e massa encefálica produtiva".

Por esse motivo, o autor propõe que o termo a ser empregado para essa área seja *gestão de pessoas* (GP) e não *recursos humanos* (RH), mas, independentemente do termo utilizado, a ideia que defende é a de que a gestão dos recursos humanos é muito importante para as organizações e para os indivíduos que nela atuam.

Com o passar do tempo, a cultura organizacional relativa à gestão de pessoas evoluiu, mudando e moldando a cultura organizacional. O que era chamado de *emprego* passou a chamar-se *carreira*, algo que depende da experiência e do desempenho do profissional, sendo somente adquirida dentro das organizações e dependendo dos planos e das metas pessoais de cada profissional.

Com essa mudança de paradigma, é possível verificar que os profissionais da atualidade podem e devem buscar outras oportunidades de evolução, aprendizado, inovação e – por que não dizer? – de emprego e carreira. Para tanto deve-se criar e propor aos profissionais desafios que possam ser encarados como metas e objetivos, fornecendo-lhes incentivo, motivação, ânimo e fôlego para continuar as atividades rotineiras, de modo que eles próprios compreendam que estão contribuindo para si mesmos, e não somente para a organização.

De acordo com Drucker (1998, p. XII), a administração moderna é simultaneamente uma formação profissional e uma profissão liberal, sendo o meio fundamental de conduzir ao "aperfeiçoamento pessoal, realização pessoal e autoenriquecimento".

O aperfeiçoamento ocorre quando se aproveitam as oportunidades de melhora e quando se realizam esforços de mudança visando acomodar novas necessidades, reduzindo os erros e estabelecendo um novo patamar do que seja considerado aceitável. Bohlander e Snell (2010, p. 12) explicam que "A mudança é contínua – faz parte do trabalho –, e não temporária. No entanto, as pessoas costumam resistir à mudança, porque mudanças exigem que os indivíduos modifiquem ou abandonem processos de trabalho que os levaram ao sucesso ou, ao menos, lhes são familiares".

Becker, Huselid e Ulrich (2000, p. 22) propõem que a vantagem competitiva das empresas provém de seus recursos humanos, das capacidades internas de cada organização em gerenciá-los, de seus conhecimentos e de todo o capital intelectual gerado. Os autores ainda explicam que a área de gestão de pessoas, localizada dentro do setor de RH, dispõe de condições privilegiadas para alavancar outros ganhos intangíveis para a organização, afirmando que o perfil e o tipo de gestão realizado por essa área são bastante específicos e diferem muito, por exemplo, dos observados na gestão de finanças.

Os gestores de pessoas podem ser considerados "gestores de ativos intangíveis", diferentemente dos gestores de outras áreas, que trabalham com dados muito mais objetivos e mensuráveis. O foco dos gestores de pessoas é mais subjetivo e mais delicado que uma simples análise numérica e/ou estatística de resultados, já que esses profissionais devem estar preparados para olhar além da superficialidade e compreender em quais aspectos cada indivíduo é capaz de contribuir para o melhor desempenho da organização.

É exatamente nesse ponto que a avaliação de desempenho humano contribui para as organizações, para os indivíduos que nelas trabalham e para a sociedade como um todo – as organizações podem oferecer novas oportunidades de crescimento (profissional, intelectual, material) alinhadas com as metas e os objetivos pessoais desses profissionais. Para Drucker (1998, p. XII), o trabalho específico do administrador é tornar produtivos os aspectos positivos das pessoas, ao mesmo tempo que torna suas deficiências irrelevantes.

Outro autor que aborda a avaliação de desempenho consonante com esse pensamento é Shigunov Neto (2000, p. 1), o qual explica que a avaliação de desempenho objetiva diagnosticar e analisar o desempenho individual e/ou grupal, a fim de melhorar o desempenho organizacional e o crescimento profissional e pessoal, aperfeiçoando o desempenho humano.

Melo et al. (2012, p. 43) vão um pouco além nesse raciocínio: eles atestam que na atualidade existe um novo papel conferido ao setor de RH, o de definir os rumos de mudança da organização, pois isso o condiciona a ser um parceiro dos setores da organização dentro de sua própria organização, já que esse setor trabalha com o intuito de alinhar adequadamente as políticas empresariais com as metas estratégicas da organização e com as práticas de gestão de pessoas. Nesse sentido, o setor de RH pode ser um aliado de outros setores, realizando pesquisas organizacionais, por exemplo, para auxiliar a gerência de uma determinada área a definir novas metas e estratégias que favorecerão o desenvolvimento desta a médio e longo prazos.

Chiavenato (2009, p. 37-38) explica que o capital intelectual e humano de uma organização está subdivido em:

- **Capital interno**: capital intelectual próprio da organização, que pode ser acessado em documentos, atas de reunião, manuais, cartilhas, computadores, *backups* etc.
- **Capital externo**: capital intelectual que não pertence à organização, mas que poderia ser adquirido no mercado. Um exemplo seria um caso em que é necessário ampliar a área de produção da organização, mas esta não tem um setor de engenharia para resolver esse problema. Desse modo, a empresa poderia contratar os serviços técnicos de engenharia de terceiros.
- **Capital humano**: capital intelectual disponível nos funcionários, nas experiências passadas, no que eles sabem fazer, como fazer e como fazer da melhor forma – características que podem ser inatas do indivíduo ou adquiridas por meio de estudo, vivência ou observação.

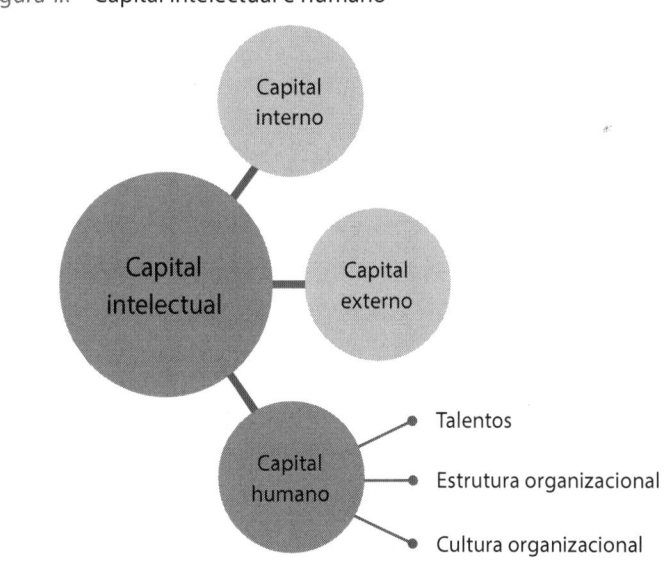

Figura 1.1 – **Capital intelectual e humano**

- Talentos
- Estrutura organizacional
- Cultura organizacional

Fonte: Adaptado de Chiavenato, 2009.

Para Chiavenato (2009, p. 37-38), na atualidade a análise de valor das organizações não pode ocorrer levando-se em conta somente seus bens financeiros, mas especialmente seu capital intelectual, oriundo do ser humano. Assim, para que as organizações obtenham sucesso, estas precisam inovar, e sabe-se que a criatividade não provém de máquinas nem de computadores, mas de pessoas que dispõem de talentos e competências (Bader; Bloom; Chang, 2000, p. 7). Portanto, é uma manobra inteligente garantir que os talentos e as competências sejam desenvolvidos e impulsionados para atingir seu máximo potencial.

Nesse sentido, é importante frisar a ideia de que o setor de RH torna-se um parceiro estratégico da organização ao desempenhar o papel de **consultor interno das lideranças da organização**, devendo auxiliá-las no processo de direcionar e guiar os funcionários da maneira mais eficiente possível.

Bader, Bloom e Chang (2000, p. 15) entendem que a avaliação de desempenho é essencial nos mais diversos estágios de desenvolvimento da organização, sendo responsável por realizar um real monitoramento corporativo SWOT (*Strengths, Weaknesses, Opportunities and Threats* – forças, fraquezas, oportunidades e ameaças) e coletando dados que podem ser utilizados para aprimorar os planos de desenvolvimento e readequar a estratégia da organização nos mais diferentes níveis. Esses autores também esclarecem que a avaliação deve ocorrer nas mais simples realizações do indivíduo, passando por equipes, áreas etc., até atingir toda a organização.

É interessante observar que, após passar por avaliação em qualquer tarefa, o indivíduo já se mostra condicionado a buscar as melhores saídas e opções que favoreçam um bom desempenho. Contudo, muito é fundamentado em percepções que não apresentam um caráter de precisão elevado e, assim, frequentemente é necessário parar e compreender que muitas coisas não podem ser mensuradas precisamente. Eis aqui um novo desafio.

1.3 Avaliação de desempenho: um desafio

Santos et al. (2011, p. 2) também afirmam que, na Administração, a atividade de avaliar é de grande importância e costuma ser feita mediante as seguintes tarefas: planejar, organizar, dirigir e controlar. Segundo eles, todos os resultados dessas atividades devem ser avaliados com abrangência suficiente para que seja possível vislumbrar o desempenho de toda a organização. Os autores reforçam a ideia já apresentada de que mensurar resultados é uma tarefa completamente justificável, porque auxilia na identificação da qualidade e do desempenho da pessoa, de seu grupo, da área ou do setor ao qual pertence, atingindo, assim, a própria estratégia da organização.

Bader, Bloom e Chang (2000, p. 18) elucidam que, para se executar a avaliação de desempenho, é preciso já ter definido um ponto de partida que permita à organização compreender o resultado atual, os resultados já atingidos (ou a porcentagem das metas e dos objetivos que já foram atingidos) e quanto esforço ainda será necessário para alcançar por completo as metas e os objetivos definidos.

Almeida, Marçal e Kavaleski (2004, p. 1194) complementam explicando que as técnicas de avaliação de desempenho, quando utilizadas para realizar um diagnóstico do desempenho do grupo e dos funcionários da organização, devem ter o objetivo de desenvolver nos funcionários tanto características pessoais quanto profissionais. No que diz respeito às características pessoais, ajudam a formar um indivíduo mais ciente de suas ações, que se relaciona mais facilmente, além de ser ciente de suas necessidades de desenvolvimento, falhas e imperfeições. No que diz respeito às características profissionais, as avaliações auxiliam os profissionais a direcionar suas carreiras e a buscar conhecimentos que serão necessários para entender como melhorar os resultados profissionais.

Seguindo essa mesma lógica, Rocha (2002, p. 23) reforça que o propósito básico das avaliações de desempenho é permitir à organização coletar dados e verificar se, efetivamente, "as coisas vão bem". Essa coleta de dados é o que possibilita à organização compreender a situação que está enfrentando e/ou, ainda, a situação de algum funcionário ou grupo de trabalho.

Mensurar o desempenho de uma única pessoa pode parecer, a princípio, uma tarefa fácil, porém precisamos lembrar que, para essa avaliação ser imparcial, específica e objetiva, ela deve considerar múltiplos aspectos, que vão além da simples execução das tarefas diárias, chegando à real potencialidade do indivíduo, ao que era esperado dele, às condições de trabalho, à disponibilidade de ferramentas, às descrições de seu cargo, às responsabilidades, metas e objetivos traçados, entre outros aspectos.

Para Santos et al. (2011, p. 2), o processo de avaliação deve incluir todas as "variáveis dimensões" que afetam ou podem afetar os objetivos e o desempenho organizacionais. Os autores sugerem que, para avaliar o desempenho global da organização, é necessário haver **flexibilidade, inteligibilidade, comparabilidade e mensurabilidade**. E, de fato, quando adicionadas todas essas variáveis como pré-requisitos na formatação de uma avaliação de desempenho, avaliar um único indivíduo já não soa tão simples. O que então se dirá sobre avaliar todos os indivíduos de todos os níveis hierárquicos de uma organização?

Lucena (1992, p. 19) explica que, para avaliar objetivamente uma organização e o desempenho humano profissional, é preciso olhar para padrões de desempenho definidos previamente em relação:

- à quantidade de tarefas a desempenhar;
- à qualidade do trabalho executado;
- aos prazos para realização dos trabalhos e tarefas;
- aos custo;
- às contribuições individuais de cada indivíduo para a evolução da organização.

Em outras palavras, definir o resultado de desempenho de cada profissional significa dizer que o funcionário foi avaliado detalhadamente com relação aos padrões, às metas e aos objetivos definidos para um determinado período de tempo. Essa avaliação diz respeito ao que o profissional é ou foi capaz de realizar em um determinado período de tempo, para determinadas tarefas, com determinada qualidade e com o devido acompanhamento. Busca-se também a mensuração objetiva dos resultados colhidos ao longo do período.

Contudo, definir o que é o padrão de desempenho mínimo aceitável ou o padrão de desempenho ideal significa entender que cada empregado tem uma série de responsabilidades e projetos subdivididos em atribuições, procedimentos e atividades, que tem metas individuais e específicas, as quais acabam por definir as atribuições de seu cargo. Entender esse cenário permite ao avaliador dizer exatamente como os resultados podem e/ou devem ser atingidos nos próximos períodos.

Do ponto de vista profissional, e não só do ponto de vista da organização ou do funcionário, os resultados devem ser medidos e apontados como positivos e negativos. A não definição clara e precisa desses indicadores dificulta o processo de avaliação e pode gerar a desmotivação do funcionário (Lucena, 1992, p. 26).

Muitas teorias sobre avaliação de desempenho surgiram a partir da Segunda Guerra Mundial, quando a avaliação passou a ser adotada em maior escala. Com diversas técnicas e focos, cada uma das teorias acabava convergindo para o fator humano, e assim surgia a questão: "O que motiva o indivíduo a obter melhores resultados?". Para Chiavenato (2009, p. 247), "o desempenho humano precisava ser não só planejado e implementado, como também, e principalmente, avaliado e orientado para determinados objetivos comuns [da organização e do funcionário]".

No raciocínio de Becker, Huselid e Ulrich (2000), quando se fala em desempenho humano, percebe-se que há uma grande carga de subjetividade na avaliação do desempenho profissional, pois pessoas são diferentes em inúmeros aspectos: forma de pensar, de agir, de compreender, de se relacionar com outras pessoas, com o meio e/ou com situações. Portanto, o avaliador do desempenho alheio está sujeito a interpretar as tomadas de decisão e o desempenho do avaliado com base nos seus próprios conhecimentos e experiências pregressas. "À medida que crescem, as organizações desenvolvem seus próprios objetivos que vão se tornando independentes e mesmo diferentes dos objetivos das pessoas que as formaram" (Chiavenato, 2009, p. 20).

Nesse sentido, torna-se mais perceptível que, conforme a organização amadurece, os cargos e suas funções são definidos, e o papel esperado do funcionário acaba sendo claramente delineado pelas atribuições do cargo que ele ocupa. Portanto, é necessário que essa carga de subjetividade seja atenuada no contexto organizacional a fim de ser possível realizar uma mensuração adequada dos resultados colhidos. É impossível eliminar completamente a carga de subjetividade em avaliações profissionais, porém é importante ter cargos e atividades bem definidos, já que isso contribuirá para uma avaliação de desempenho profissional justa.

É claro que o próprio perfil do administrador da organização também deve ser levado em consideração, mas é preciso ter claro que o senso de avaliação do avaliador também sofre interferência de sua própria subjetividade. Por esse motivo, o tema da avaliação de desempenho é sempre um grande ponto de atenção de organizações que seguem as tendências da administração moderna, visto que não é possível remover por completo a dualidade carregada nessa situação. De um lado está o avaliador, do qual se requer uma avaliação imparcial, sem carga subjetiva de julgamento, e, de outro, o próprio avaliador, que julga com base em experiências pregressas e cuja interação com o avaliado pode influenciar sobremaneira o resultado da avaliação.

Bohlander e Snell (2010, p. 12) também entendem que o desempenho atingido se fundamenta na percepção dos indivíduos sobre o que é esperado perante uma determinada situação e elucidam que, para se atingir um desempenho máximo, é preciso que eles tenham a capacidade de mudar. Para esses autores, algumas das principais razões pelas quais os esforços para mudança falham relacionam-se diretamente à área de gestão de pessoas, como:

* ausência de líderes com visão, não preparados para orientar os esforços do grupo;
* falta de comunicadores hábeis para transmitir os reais objetivos e a importância dos esforços sendo perseguidos;
* ausência de capacidade em estabelecer urgências e, consequentemente, prioridades;
* falta de planejamento a curto prazo – detalham-se planos a longo prazo, mas não se detalha o dia a dia, dificultando ações imediatas e a compreensão do que é esperado de cada indivíduo, como cada um deve agir;
* busca de soluções para problemas administrativos por meio de planos não fundamentados na cultura corporativa.

Bader, Bloom e Chang (2000, p. 19) evidenciam alguns itens também relacionados a essas proposições de Bohlander e Snell (2010) e explicam que bons resultados em equipe podem ser atingidos, mas dependem da dinâmica do grupo dentro da organização, das funções de cada membro, das atribuições, das responsabilidades, das diretrizes e da capacidade de comunicação e coordenação dentro do grupo e entre os diversos grupos com os quais este se relaciona. Os resultados também dependem dos objetivos e do nível de desenvolvimento da equipe, sendo necessário que os integrantes estejam aptos a desenvolver e desempenhar algumas funções e atividades, como:

- esclarecer e delinear metas e objetivos;
- atingir ou exceder metas de resultado;
- conhecer e saber recorrer à estrutura da organização;
- reconhecer e apoiar o processo – como iniciativa das gerências;
- compreender as funções, as metas e os objetivos do cargo;
- motivar a si mesmo e aos outros;
- gerir conflitos e problemas;
- mitigar e solucionar conflitos e problemas;
- comunicar de modo eficaz;
- mudar;
- inovar;
- evoluir.

Essa listagem denota que os principais problemas encontrados no desempenho e em sua mensuração estão além da capacidade técnica dos profissionais: o maior problema encontra-se mais presente nos profissionais que ocupam as posições de coordenação, gerência, direção e superintendência.

Pode-se afirmar que a maior parte dos avaliadores, em especial no Brasil, não está preparada para avaliar o desempenho de seus subordinados. A cultura brasileira leva a relacionamentos mais próximos e informais, diferente do que tipicamente ocorre em outros países. Portanto, os avaliadores tendem a misturar a avaliação técnica do desempenho do funcionário em determinado cargo com a sua avaliação pessoal sobre o funcionário, gerando, assim, inúmeras perdas para as organizações. Situações como essa fazem com que a avaliação de desempenho não verse puramente sobre a capacidade dos funcionários em desempenhar suas atividades diárias da melhor forma, sendo, assim, incapaz de nortear os quesitos técnicos que precisam ser melhorados.

Tal situação é frequentemente relatada por profissionais de diversas áreas. Ela acarreta climas organizacionais desfavoráveis ao bom desempenho e quedas de resultados de desempenho da organização como um todo, contribuindo para o aumento do desgaste nas relações humanas.

Melo et al. (2012) acreditam que há uma necessidade de criar equilíbrio e sintonia entre os níveis operacionais, táticos e estratégicos da organização, com a finalidade de obter excelência operacional e manter a empresa atuante e competitiva no mercado. Os autores explicam que uma forma de se realizar isso é estabelecendo uma aliança entre os setores de RH e finanças, a fim de otimizar os métodos e os meios com vistas a garantir os resultados esperados.

Assim, é possível afirmar que, com o intuito de chegar ao sucesso esperado, é necessário monitorar e avaliar constantemente os resultados enquanto estes são colhidos, bem como avaliar os funcionários e seu desempenho profissional. Observe-se que a avaliação do desempenho humano busca avaliar com maior foco o comportamento do funcionário, o que não necessariamente se relaciona com a sua atividade profissional.

Síntese

O presente capítulo versou sobre desempenho humano e profissional, algumas das inter-relações e perspectivas pessoais, profissionais, organizacionais que envolvem o tema, assim como os desafios de interpretar o desempenho, seja de um indivíduo ou grupo, seja de uma organização.

O capítulo procurou não apenas esclarecer os leitores como o tema *desempenho* é visto dentro das organizações, mas também refletir sobre a importância do acompanhamento dos resultados das avaliações de desempenho ao longo de um determinado tempo, tanto da perspectiva da organização quanto da perspectiva do funcionário avaliado.

Do ponto de vista da organização, a avaliação é importante porque monitorar resultados permite que erros sejam corrigidos, metas sejam perseguidas e objetivos sejam atingidos, mantendo-se o lucro da organização para que esta perdure no mercado.

Do ponto de vista das pessoas, a avaliação é importante porque procura analisar a atuação técnica do profissional, sendo uma oportunidade para que ele perceba como está seu trabalho, o que precisa melhorar, quais conhecimentos lhe faltam, o que pode favorecê-lo dentro da organização, entre outros aspectos

Nesse contexto, o capítulo demonstra a importância da participação do setor de RH na organização, pois este deve acompanhar a evolução de seus funcionários ao longo do tempo, além de alinhar as estratégias da organização com as estratégias das diversas áreas internas, mapear os conhecimentos de cada área e de seus respectivos funcionários e acompanhar junto com gerentes de área as tendências e necessidades de mercado para garantir que funcionários e novos recrutas estejam acompanhando tais necessidades, garantindo a evolução e a inovação dentro da organização e, com isso, sua sobrevida.

Gerir as organizações significa gerir seu desempenho ao longo do tempo, o que necessariamente implica entender as diversas situações que se configuram e também compreender como os objetivos traçados pela liderança da organização são perseguidos e alcançados, verificando-se minuciosamente quais ações apresentam resultado bem-sucedido, quais precisam de correções e quais funcionários contribuem direta e positivamente para cumprir com os planos da organização. Ou seja, os processos de avaliação de desempenho podem ser considerados e utilizados como uma ferramenta de gestão de mudanças da organização, devendo-se salientar que as mudanças são propostas e realizadas por indivíduos.

Além dos aspectos que se referem ao desempenho e à produtividade, as avaliações de desempenho podem auxiliar a organização a mapear e compreender o cenário atual do qual faz parte. Com base nas informações coletadas, a organização consegue filtrar as necessidades do mercado e suas próprias, de modo a perceber quais conhecimentos seus funcionários ainda não têm e quais são necessários para o melhor desenvolvimento de suas atividades, podendo, assim, realizar um processo de recrutamento e seleção focado nos profissionais que têm os conhecimentos de que a organização necessita ou, ainda, oferecer treinamentos e capacitações aos funcionários que já fazem parte da organização. Além disso, o setor de RH também pode criar programas que favoreçam o desenvolvimento e o aperfeiçoamento de seus profissionais externamente, como programas que forneçam reembolso para cursos de idiomas, especializações, pós-graduações, mestrados, doutorados, entre outros. Novamente, tornam-se visíveis a capacidade estratégica e a importância do setor de RH dentro de uma organização como "gestor de ativos intangíveis" ou, ainda, de "capital intelectual".

É perceptível como o setor de RH é capaz de se tornar mais interligado a todas as áreas da organização, pois apresenta maior facilidade de verificar se o desempenho está ocorrendo de acordo com o esperado – não somente do ponto de vista da área específica na qual o RH trabalha, mas também do ponto de vista estratégico. Ou seja, ressalta-se a importância do setor de RH como área de estratégia organizacional, e não somente como o executor operacional da folha de pagamento, por exemplo. Novamente, evidencia-se a importância do setor de RH para estabelecer alianças entre os setores da organização, criando equilíbrio e sintonia entre os diversos níveis da organização – tudo com base nos processos de monitoração e avaliação dos dados disponíveis internamente.

Em especial, é interessante perceber que o capital intelectual das pessoas é o que confere vida à organização e que ela só está viva e ativa porque há pessoas capacitadas em seu comando, pois sem pessoas a organização não passa de um conjunto de computadores, mesas e cadeiras incapazes de executar quaisquer atividades. É quando as pessoas personificam a pessoa jurídica que se torna possível gerar lucros e valor para as organizações.

Após a leitura deste capítulo, é importante que o leitor consiga conceituar com suas próprias palavras *desempenho humano* e *desempenho profissional*. A seguir será apresentada uma série de exercícios e atividades, com vistas a promover a compreensão dos capítulos examinados e facilitar o processo mnemônico.

Questões para revisão

1. Com relação ao desempenho humano, marque a resposta que justifica mais adequadamente o fato de as pessoas tenderem a resistir a mudanças organizacionais:
   a) Preguiça.
   b) Inércia.

c) Medo.
d) Falta de suporte.
e) Falta de incentivo.
f) Todas as anteriores.

2. Com relação ao desempenho humano, marque a resposta que justifica mais adequadamente o fato de as pessoas deverem ceder às mudanças organizacionais:
   a) Mudanças promovem a evolução da organização.
   b) Mudanças promovem a melhoria de processos vigentes.
   c) Mudanças podem promover melhores resultados.
   d) Mudanças diminuem a margem de erros.
   e) Mudar permite aumentar a competitividade da organização.
   f) Todas as anteriores.

3. Sobre a existência de mais de uma avaliação de desempenho por ano, marque a única alternativa verdadeira:
   a) As avaliações não geram custos para a organização.
   b) As avaliações não levam tempo para serem realizadas.
   c) As avaliações não apresentam importância alguma para a organização.
   d) As avaliações são meios eficientes para demitir funcionários malquistos por seus gerentes.
   e) Todas as alternativas anteriores estão erradas.
   f) Todas as alternativas anteriores estão corretas.

4. Explique por que é interessante para os funcionários das organizações que haja mais de uma avaliação de desempenho por ano.

5. Com relação ao parecer fornecido pelos autores, explique se você concorda ou não com a afirmação a seguir e detalhe seu ponto de vista: "É importante lembrar que a maior parte dos avaliadores – em minha opinião, em especial no Brasil –, não está preparada para avaliar o desempenho de seus subordinados [...]".

Questão para reflexão

1. Faça uma pesquisa sobre Joseph Schumpeter e entenda por que ele é chamado de "pai da inovação". Com base nas suas descobertas, reflita e trace relações com as necessidades de mudanças organizacionais e o desempenho humano. O texto deverá ser entregue para o professor, contendo, no máximo, 5 páginas.

Para saber mais

O HOMEM que mudou o jogo. Direção: Bennet Miller. EUA: Sony Pictures, 2011. 133 min.

O filme conta a história de um treinador que se torna responsável por contratar jogadores descartados por importantes times profissionais de basebol visando formar uma equipe vencedora. O trabalho do treinador está relacionado com prospectar e recrutar candidatos que possuam capacidades individuais consideradas imprescindíveis para a formação da equipe, as quais possam ser exploradas de modo a favorecer a vitória. O filme também mostra como cada jogador é avaliado e como cada uma de suas qualidades é explorada individualmente para ocupar diferentes posições no jogo. A obra cinematográfica demonstra que ter os melhores profissionais sem a devida liderança e gestão é uma abordagem infrutífera, pois não atende à estratégia da organização – esta é uma lição profissional bastante motivadora.

2 Avaliação de desempenho profissional

Conteúdos do capítulo
- Avaliação de desempenho profissional.
- Procedimentos para avaliação profissional.

Após o estudo deste capítulo, você será capaz de:
- refletir sobre a importância da avaliação de desempenho profissional;
- compreender fatores condicionantes do desempenho profissional;
- compreender fatores motivacionais que afetam o desempenho profissional;
- compreender fatores que deveriam ser pré-requisitos para poder realizar uma avaliação de desempenho profissional adequada;
- compreender fatores que devem ser analisados previamente à avaliação de desempenho profissional;
- compreender os objetivos da avaliação de desempenho em relação ao ponto de vista da organização e do profissional;
- compreender a vulnerabilidade dos processos de avaliação de desempenho;
- refletir sobre o processo de avaliação de desempenho e sobre a utilização dos resultados colhidos.

Chiavenato (2009, p. 246) descreve que os processos de avaliação de desempenho formais já têm mais de 2 mil anos. Segundo esse autor, a Companhia de Jesus, fundada por Santo Inácio de Loyola, utilizava um sistema de relatórios de atividades, o qual detalhava o potencial de cada um de seus jesuítas em desempenhar as funções que lhes cabiam, permitindo manter um histórico de erros, acertos e potencial para melhora e desenvolvimento.

Já Shigunov Neto (2000, p. 6) entende que o trabalho e a organização do trabalho podem ser divididos em:

* período pré-Revolução Industrial, quando não havia padrões nem o estabelecimento de metas e objetivos claros; e
* período pós-Revolução Industrial, no qual especificamente estiveram presentes as ideias de Taylor de otimização do trabalho, tarefas e funções repetitivas para aumentar a especialização do profissional, diminuindo a margem de erros e custos associados.

Shigunov Neto (2000, p. 6) explica que a evolução do trabalho está também associada com os recursos humanos e com o desempenho destes nas organizações, visto que depois do período pós-Revolução Industrial surgiu pelo mundo a necessidade de se controlarem custos, processos e procedimentos, além da necessidade de se estabelecerem melhores práticas, especialização no trabalho, entre outras tendências.

No tocante à avaliação de desempenho profissional, Shigunov Neto (2000, p. 6) afirma que a importância desses processos está na possibilidade de se identificar o desempenho humano profissional dentro da organização em um período de tempo. Essas informações são consideradas insumos que podem ser utilizados para promover a melhora dos resultados e do desempenho da organização, de seus recursos humanos e de suas relações com os clientes internos e externos.

Para Bohlander e Snell (2010, p. 198), a avaliação do desempenho profissional é "um processo que geralmente é realizado anualmente por um supervisor, em relação a um subordinado, e que é projetado para ajudar os funcionários a entender suas funções, seus objetivos, suas expectativas e o sucesso de seu desempenho".

A situação relatada é bastante significativa, pois toda avaliação de desempenho profissional deveria seguir essas orientações, o que, todavia, nem sempre ocorre, em virtude da falha na gestão do desempenho e/ou nas coordenações da gestão de recursos humanos, que deveriam estar sempre à frente dos processos de avaliação. Novamente, evidencia-se a necessidade de haver processos bem estruturados, com metas e objetivos claros, por meio dos quais os gestores realizem os devidos acompanhamentos periódicos, instigando os funcionários a melhorar os conhecimentos técnicos e os próprios processos organizacionais dentro e fora da organização.

Xavier (2006, p. 18, p. 51) explica que a avaliação de desempenho profissional faz parte do processo de dirigir pessoas. Os responsáveis por julgar o desempenho são tipicamente os gestores, que também têm a responsabilidade de orientar seus subordinados para tomar as condutas mais eficientes. Os autores Bohlander e Snell (2010, p. 198) esclarecem que a gestão do desempenho consiste no processo de propiciar um ambiente de trabalho que possibilite aos funcionários desempenhar suas capacidades ao máximo, excedendo padrões médios de operação.

O processo de avaliar o desempenho é necessário e cabível desde o momento em que se firmam um compromisso e uma relação de parceria produtiva, seja entre funcionários (de quaisquer níveis hierárquicos), seja entre equipes de quaisquer áreas. Xavier (2006, p. 51) também discorre sobre como a avaliação de desempenho profissional permite que se compreendam, se avaliem e até se mensurem as contribuições de cada funcionário. Com essas informações, é possível orientar, treinar, desenvolver, dar *feedbacks,* entre outras ações. Novamente, chama-se a atenção para os aspectos profissionais – foco nas funções e nos objetivos do cargo e da atividade.

Portanto, a avaliação de desempenho profissional é algo mais técnico que a simples percepção do desempenho de alguém. Trata-se de uma avaliação técnica e imparcial que foca os aspectos técnicos exigidos pelo cargo ocupado e que deve ser realizada minuciosamente a fim de conseguir retratar o desempenho de cada profissional, excluindo-se os pareceres de caráter pessoal da avaliação.

Contudo, é perceptível que ambas avaliações se confundem facilmente, pois os limites que as separam são muito tênues. Por exemplo, não importa o indivíduo ter a melhor capacidade e o melhor conhecimento técnico se não conseguir relacionar-se com os colegas de trabalho, assim como não adianta ter um funcionário muito diplomático e benquisto pelos colegas se este não tiver domínio técnico algum. Nesse tocante, sugere-se que uma avaliação de desempenho separe quesitos técnicos e quesitos humanos para que se construa um processo de avaliação de desempenho completo.

2.1 Fatores que fundamentam uma boa avaliação de desempenho profissional

Shigunov Neto (2000, p. 52) afirma que os processos de avaliação de desempenho são, definitivamente, uma das ferramentas mais utilizadas no mundo inteiro por organizações com o intuito de avaliar seus funcionários. O autor sugere que tal atividade seja considerada a principal ferramenta de controle e supervisão do trabalho nas organizações. Ele ainda defende que os sistemas de avaliação de desempenho presentes nas organizações acabam por conferir formato à sua estrutura organizacional, bem como ao seu estilo gerencial predominante.

A avaliação de desempenho profissional não deveria servir como meio de punição ou de promoção dos recursos humanos com base nos resultados esperados. Todavia, Shigunov Neto (2000, p. 53) explica que isso pode ocorrer em razão de uma série de fatores como: propostas inadequadas de avaliação; utilização incorreta de técnicas ou utilização de técnicas obsoletas; utilização incorreta de ferramentas ou utilização de ferramentas obsoletas; pessoal desqualificado para realização das avaliações; avaliação puramente vertical, isto é, o chefe avalia seus subordinados sem que nenhuma outra pessoa avalie o seu desempenho.

As organizações sempre precisam trabalhar de modo a promover o alinhamento das estratégias e do fluxo de informações (que costuma ser extremamente intenso), o qual é gerado por meio de pessoas e do trabalho desenvolvido por elas. Essas estratégias organizacionais só podem ser alavancadas quando os colaboradores direcionam seus esforços às metas corretas, quando realmente assumem compromisso com seus cargos e com a organização, quando são eficientes no que fazem e quando conseguem aderir às políticas da empresa, aceitando mudanças e estratégias.

Os resultados de todos esses itens podem ser potencializados quando os profissionais conseguem inovar e trazer ideias que facilitem o trabalho ou forneçam uma nova solução, perspectiva ou paradigma aos negócios da organização (Xavier, 2006, p. 13). Portanto, as avaliações de desempenho precisam ocorrer, necessariamente, em relação às funções do cargo, às responsabilidades, às estratégias da empresa, às metas individuais e ao desempenho no cargo.

2.2 A atuação dos gestores na avaliação de desempenho profissional

Bader, Bloom e Chang (2000, p. 15) explicam que, quando os processos de avaliação estão mal estruturados, pode ser complicado avaliar o desempenho profissional em uma determinada situação. Sugerem, por isso, que o modo ideal de se realizar uma avaliação de desempenho é garantir que, toda vez que uma tarefa, um projeto, uma meta e um objetivo forem definidos, os gestores já tenham claro, de maneira quantitativa, quais são as metas, os objetivos e os resultados esperados. Num segundo momento, também é interessante que as pessoas envolvidas nos projetos opinem para ajudar no processo de definição de metas e objetivos.

Elucidando razões para falhas nos processos de avaliação de desempenho, Xavier (2006, p. 52) defende que o sucesso desses processos depende muito do gestor e que este deve conferir suporte total aos programas de avaliação de desempenho, mesmo que não concorde plenamente com todos os seus aspectos estruturais e funcionais, ressaltando que o gestor, como usuário e beneficiário do sistema de avalição de desempenho, tem a responsabilidade de apoiá-lo – inclusive responsabilidade ética.

Xavier (2006, p. 15) esclarece ainda que as soluções estão contidas nas pessoas, ou seja, as soluções para os problemas da organização só se tornarão possíveis quando os colaboradores assumirem os riscos e as responsabilidades de seus cargos e de suas funções administrativas. Portanto, avaliar funcionários adequadamente permite à organização saber qual o nível de comprometimento dos profissionais que trabalham para ela – esse é um grande benefício para a organização, podendo facilitar e direcionar suas escolhas quando precisar investir em algum tipo de treinamento ou até em alguma política de retenção.

2.3 O foco da avaliação de desempenho profissional

De acordo com as reflexões de Chiavenato (2009, p. 247), a avaliação de desempenho profissional não apresenta uma perspectiva geral, mas uma perspectiva focada no cargo, ou seja, em como o funcionário se comporta perante as atribuições do cargo que ocupa – se ele atende aos pré-requisitos do cargo, se tem os conhecimentos necessários para desempenhar seu papel adequadamente, se precisa de algum aprimoramento ou se deve adquirir novos conhecimentos para garantir o desempenho de todos os requisitos e as exigências que o cargo impõe.

Chiavenato (2009, p. 247) explicita ainda que tal avaliação é contingencial, pois o desempenho de duas pessoas distintas no mesmo cargo será sempre diferente, já que depende de diversos fatores condicionantes. Nesse contexto, ele explica que a percepção individual (ou a autopercepção) é o fator-chave que estimula o profissional a se esforçar mais ou menos para atingir um resultado – ou seja, está ligada à capacidade do indivíduo de perceber o papel que deve desempenhar e todas as variáveis ligadas a isso, como possibilidades de promoções, possibilidades de melhor remuneração, reconhecimento, entre outros aspectos que servem como fator motivador para que cada um desempenhe melhor seu papel profissional.

Shigunov Neto (2000, p. 95) afirma que o foco de avaliação de desempenho pode ser muito abrangente, mas deve sempre avaliar as relações existentes entre os sistemas de contribuições e retribuições presentes na organização, ou seja, quanto o funcionário contribui e como espera ser retribuído, de um lado, e quanto a organização contribui e pode retribuir o empenho e o esforço de seus funcionários ou está disposta a isso, do outro.

Esse autor ainda alerta que é possível notar, ao longo das últimas décadas de estudo da administração, que o foco e a perspectiva do setor de RH vêm se atualizando, distanciando-se da estrita e bruta visão de remuneração financeira por uma determinada quantidade de horas trabalhadas ou produzidas para aproximar-se de uma visão que permite maior equilíbrio e harmonia nas variáveis que envolvem o trabalho e que podem influenciar o comportamento dos colaboradores no desempenho de suas funções profissionais.

2.4 Dados que dão subsídio à avaliação de desempenho profissional

Para Bohlander e Snell (2010, p. 127), a avaliação de desempenho deve ter como base a descrição do cargo, na qual se encontram os requisitos para o seu ocupante. Tais autores entendem que esse documento serve como critério básico para iniciar a avaliação do desempenho daquele que ocupa o cargo. No entanto, eles atentam para o fato de que nem sempre a descrição do cargo e de seus requisitos é totalmente válida.

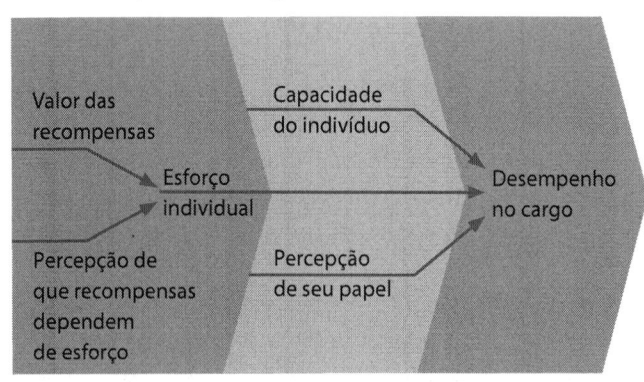

Figura 2.1 – Desempenho no cargo

Valor das recompensas
Capacidade do indivíduo
Esforço individual
Desempenho no cargo
Percepção de que recompensas dependem de esforço
Percepção de seu papel

Fonte: Adaptado de Chiavenato, 2009.

A Figura 2.1 apresenta as relações existentes entre os quesitos analisados nesta seção, evidenciando que o desempenho do cargo relaciona-se ao esforço individual, mas que também há outros fatores determinantes, como a percepção do papel do indivíduo e suas próprias capacidades.

O esforço do funcionário pode ser inspirado pelas recompensas (como aumento de salário, promoção e bônus) e pelo fato de saber que, para conseguir essas recompensas, deve se esforçar. Contudo, se o funcionário não tem uma correta percepção do papel que ocupa, do que é esperado dele (quais são as metas e os objetivos do cargo ocupado), o esforço individual pode levá-lo a perseguir metas que talvez não sejam as mais importantes para a organização.

As capacidades individuais também são importantes aqui, visto que, se o cargo exige uma determinada capacidade que o funcionário não tem, a situação se torna muito mais difícil, como ter uma pessoa portadora de dislexia[1] como revisor de textos ou caixa de banco. Nesse caso, o cargo requereria do funcionário a capacidade e a habilidade para ler, escrever e interpretar textos ou somar e subtrair. Um indivíduo portador de dislexia enfrentaria maiores dificuldades que um indivíduo sem dislexia para desempenhar as atribuições de seu cargo. Portanto, o indivíduo disléxico pode ter habilidades de leitura, interpretação e/ou escrita menos aguçadas do que um indivíduo que não seja portador da doença, demorando, assim, mais tempo para executar a mesma tarefa. Outro exemplo seria a contratação de um cirurgião cardíaco que desmaia ao ver sangue.

Desse modo, há de se considerar que as capacidades individuais impactam o desempenho. Mesmo que o colaborador perceba o valor das recompensas existentes, que compreenda que, para conseguir tais recompensas, precisa realizar um esforço maior, sua capacidade é também limitada, por exemplo, a condições fisiológicas.

---

1   Segundo a Associação Nacional de Dislexia (AND, 2014), esse distúrbio sem causas evidentes é caracterizado por problemas na leitura de letras, números e/ou símbolos. Os pacientes com esse distúrbio podem não compreender bem os códigos da escrita, tornando a leitura vagarosa, silabada, com dificuldade de reconhecer palavras familiares e interpretar informações. Apesar da dificuldade de reconhecimento desses caracteres, os pacientes com dislexia têm inteligência normal e não apresentam necessariamente doenças neurológicas ou psiquiátricas, tampouco auditivas e visuais. Idealmente, indivíduos com dislexia necessitam de programas especiais para aprender a ler, escrever e soletrar.

Voltando ao processo e à análise do trabalho como meios importantes para construir critérios de avaliação de desempenho do funcionário, Bohlander e Snell (2010, p. 129) defendem que a **avaliação do trabalho** é necessária sob diversas perspectivas, em especial porque permite entender exatamente o que é necessário para ocupar determinado cargo. Os autores afirmam que a análise do trabalho pode ocorrer com base em dados coletados em diversas fontes: analistas, supervisores, coordenadores, gestores, gerentes ou diretores. Todos os funcionários são capazes de oferecer informações importantes. Os métodos de coleta de informações a serem utilizados podem ser entrevistas, questionários, observação direta e todos os tipos de registros disponíveis.

2.5 Análise do trabalho

O fator central da análise do trabalho é a coleta dos dados que detalham as tarefas, os padrões de desempenho esperados, as responsabilidades do cargo, o conhecimento exigido para ocupar o cargo e conseguir os resultados esperados, as habilidades requeridas para desempenhar a função satisfatoriamente, as experiências prévias necessárias, o contexto que envolve o trabalho, os deveres de quem ocupa o cargo e as ferramentas utilizadas no desempenho das atividades do cargo.

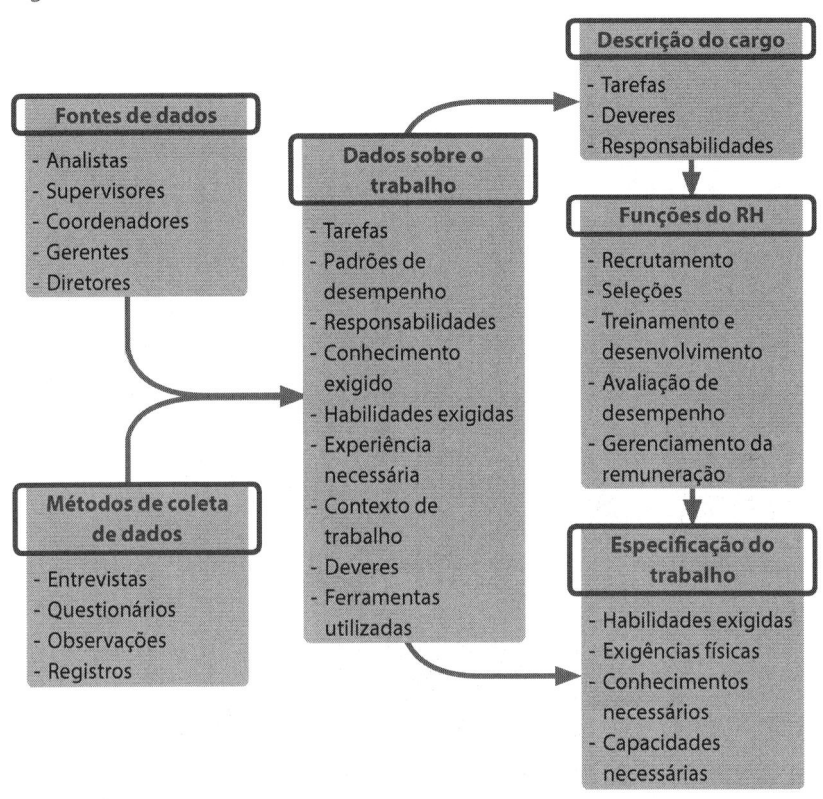

Figura 2.2 – **Processo de análise de trabalho**

Fontes de dados
- Analistas
- Supervisores
- Coordenadores
- Gerentes
- Diretores

Métodos de coleta de dados
- Entrevistas
- Questionários
- Observações
- Registros

Dados sobre o trabalho
- Tarefas
- Padrões de desempenho
- Responsabilidades
- Conhecimento exigido
- Habilidades exigidas
- Experiência necessária
- Contexto de trabalho
- Deveres
- Ferramentas utilizadas

Descrição do cargo
- Tarefas
- Deveres
- Responsabilidades

Funções do RH
- Recrutamento
- Seleções
- Treinamento e desenvolvimento
- Avaliação de desempenho
- Gerenciamento da remuneração

Especificação do trabalho
- Habilidades exigidas
- Exigências físicas
- Conhecimentos necessários
- Capacidades necessárias

Fonte: Adaptado de Bohlander; Snell, 2010.

Com essas informações, é possível (Bohlander; Snell, 2010, p. 129):

- fazer um documento que sumariza todas as descrições do cargo, com as tarefas, os deveres, os direitos e as responsabilidades;
- empenhar o setor de recursos humanos (RH) no recrutamento, na seleção, no treinamento, no desenvolvimento, na avaliação de desempenho e no gerenciamento da remuneração dos funcionários; e

- especificar e negociar com o funcionário detalhes do seu trabalho: habilidades requeridas, exigências físicas, conhecimentos necessários, capacidades necessárias, entre outros apectos.

De acordo com Shigunov Neto (2000, p. 90), os sistemas de avaliação de desempenho profissional devem conter parâmetros de análise do trabalho, ou seja, as funções a serem desempenhadas pelos funcionários. Portanto, é extremamente necessário que haja um plano de cargos e salários vigente, assim como descrições dos cargos detalhadas.

2.6 O fator motivacional da avaliação de desempenho

Segundo Rocha (2012, p. 27), é necessário que a avaliação de desempenho organizacional seja utilizada com o intuito de direcionar os funcionários no sentido de se atualizarem e adquirirem novos conhecimentos, habilidades e *expertises* capazes de auxiliar a organização a impulsionar seus negócios. Para que isso aconteça, é claro que a organização deve desenhar e selecionar indicadores que a auxiliem a verificar como está indo o processo de obtenção de tais resultados.

Quando os funcionários percebem que a organização em que trabalham tem um clima acolhedor e fornece subsídios e espaço para seu desenvolvimento técnico-profissional, sentem que podem aproveitar a oportunidade para investir em si mesmos, na intenção de crescer com a organização, subindo a cargos mais elevados na hierarquia. Além disso, a avaliação de desempenho bem desenhada e planejada pode colher informações que proporcionem à organização a possibilidade de perceber os pontos que precisam ser melhorados, identificar as dificuldades e reconhecer o potencial das pessoas.

Com base nas experiências adquiridas durante a vida profissional, observamos que é importante que o profissional seja treinado para, quando ocorrer um erro, conceder um minuto de reflexão a fim de avaliar o que foi feito de errado. É possível, assim, compreender em que consiste o erro, por que aconteceu e o que poderia ter sido feito para evitá-lo.

O que foi descoberto deve ser dividido com os colegas, subordinados e/ou superiores de modo a mostrar quais foram as lições aprendidas e as melhores práticas encontradas no dia a dia do trabalho.

É importante também que as gerências e as coordenações criem um espaço para entender e direcionar seus subordinados com relação a erros cometidos, de forma a facilitar a melhora contínua da organização, acabando, assim, com a percepção de que erros devem ser punidos (o que elimina as possibilidades de aprendizado com eles).

2.7 Objetivos da avaliação de desempenho

Por ser um processo detalhado de avaliação sistemática de cada pessoa em relação ao cargo que ocupa numa organização, seu potencial de desenvolvimento futuro e suas necessidades de desenvolvimento com relação ao cargo ocupado, aos cargos que deseja vir a ocupar e às necessidades futuras da organização, a avaliação de desempenho deve buscar estimular ou julgar o valor, a proficiência e as qualidades do trabalho que o indivíduo desempenha. Dentro desse contexto, é importante lembrar que esse processo pode receber diversos nomes e abordagens, como *avaliação de desempenho*, *avaliação de méritos* e *relatórios de progresso*.

Para Bohlander e Snell (2010, p. 299), a avaliação de desempenho não tem apenas o intuito de avaliar se o profissional está realizando um bom trabalho; serve também para verificar se os objetivos administrativos e de desenvolvimento profissional e pessoal estão sendo atendidos.

A avaliação de desempenho é um evento que deve ocorrer sempre, mas sua periodicidade é definida pela própria organização, podendo ser anual, semestral, por quartos, por trimestre, bimestre ou mensal. Esse evento torna-se algo que marca o período para todos os funcionários, pois as organizações modernas utilizam essa ferramenta para garantir que todos sejam formalmente avaliados e, em geral, tais avaliações permitem a eles vislumbrar o futuro que os aguarda dentro da organização.

Assim, esse acaba sendo um momento importantíssimo, pois cria uma oportunidade para que os profissionais saibam exatamente como serão avaliados, que itens serão levados em consideração nessa avaliação, como tais resultados serão mensurados e como seus superiores enxergam a situação, podendo, então, pedir orientações, conselhos e pareceres sobre determinadas situações. Nesse sentido, a avaliação de desempenho se torna um processo justo e programável, com base no qual cada profissional poderá perseguir suas metas (solicitando auxílio quando necessário antes do término do período de avaliações). Acima de todos os aspectos, como mencionado por Chiavenato (2009), isso também permite a cada gerente passar a ser o gestor de pessoas de sua área.

Com relação aos **objetivos administrativos**, as avaliações de desempenho são fontes de informações que alimentam diversos locais da administração: informam sobre remuneração, necessidades de contratação de novos recursos, necessidades de aumento de incentivos (programas de participação de resultados em função do desempenho individual e administrativo) e definição de quais funcionários serão promovidos, desligados ou transferidos.

Com relação aos **objetivos de desenvolvimento do profissional**, as avaliações de desempenho fornecem informações sobre quais características precisam ser desenvolvidas, quais os pontos fortes e fracos dos indivíduos que fazem parte da organização, quais treinamentos a organização precisa oferecer a seus funcionários e como pode incentivá-los a evoluir e buscar opções de especialização e aperfeiçoamento.

Além disso, a avaliação de desempenho é uma oportunidade para as três partes envolvidas:

1. **Para a organização**: definir datas a fim de que as avaliações iniciem e terminem, disponibilizando pessoas do RH para fornecer suporte, explicar as regras e dar direcionamento a toda a organização. Isso garante que os subordinados cobrem dos gestores suas avaliações, além de terem a oportunidade para cobrar explicações sobre diversos temas, desenvolvendo uma conversa clara, franca e pontual. Do ponto de vista da organização, isso garante que os gestores pensem mais estrategicamente em seu trabalho e direcionem suas equipes adequadamente aos resultados que a organização espera.

AVALIAÇÃO DE DESEMPENHO PROFISSIONAL

Como estou sendo avaliado?

A avaliação está sendo justa?

Serão consideradas todas as informações pertinentes?

Serei avaliado segundo alguma mensuração?

E o que não pode ser mensurado?

Crédito: Fotolia

???

Avaliação de desempenho

?

2. **Para o gestor:** avaliar seus subordinados, estipular metas de desenvolvimento técnico e pessoal e alinhar as metas da organização, as metas de seu setor/área e as metas individuais de seus subordinados.
3. **Para o avaliado:** conscientizar-se das metas que lhe cabem, sabendo o que precisa ser desenvolvido tanto nos quesitos técnicos quanto nos pessoais, tendo a oportunidade de conversar com o gestor e perguntar sua opinião sobre diversos temas, podendo cobrar auxílio e direcionamento.

2.8 Vulnerabilidade da avaliação de desempenho

A avaliação de desempenho pode, indubitavelmente, trazer inúmeros benefícios para a organização, seus gestores e todos os funcionários. No entanto, pode também trazer algumas dificuldades. Segundo Chiavenato (2009, p. 250), pouco se faz para estudar os efeitos nocivos da avaliação de desempenho nas organizações.

A responsabilidade da avaliação de desempenho não pode ser apenas do gestor, mas, idealmente, de todos os funcionários. A política de recursos humanos é responsável por definir como deve funcionar o processo de avaliação e de quem será essa responsabilidade. Contudo, isso pode gerar uma certa vulnerabilidade, dependendo da estratégia adotada pela organização, visto que, se for definida somente pelo avaliado, os interesses poderiam ser os mais convenientes para o funcionário e não para a organização; se for definida somente pelo gestor, este talvez não consiga compreender todos os detalhes técnicos de quem executa as tarefas, definindo objetivos irreais ou inatingíveis.

Como uma avaliação de desempenho não pode ser realizada superficial e unilateralmente nem ser fundamentada somente nos comportamentos do indivíduo, é preciso que haja muito cuidado. "Os funcionários têm que ser tratados como indivíduos, com toda a sua complexidade e subjetividade" (Lima, 2012), e isso, por si só, pode ser algo bastante difícil de realizar. Afinal, como abordar o caso de um funcionário que apresenta dificuldade de relacionamentos? Como explicar a um funcionário tecnicamente excelente que ele, no quesito pessoal, é malquisto por toda a equipe? E, mais importante ainda, como registrar tais fatos em sua avaliação?

Bohlander e Snell (2010, p. 302) sugerem que o fracasso da avaliação de desempenho é muitas vezes consequência da implantação inadequada do programa de avaliação. Os pontos indicados como mais importantes são: falta de suporte da alta gerência, falta de estabelecimento de critérios, falta de treinamento dos colaboradores para saber como deveria funcionar o programa, falta de suporte do RH, falta de treinamento individual, falta de guias e manuais para preenchimento das avaliações e avaliações muito extensas.

Para Chiavenato (2009, p. 248), a avaliação de desempenho bem realizada garante um clima de trabalho favorável à boa convivência, pois consegue estabelecer confiança entre avaliados e avaliadores, e isso contribui sumariamente para um clima organizacional positivo. Outro aspecto positivo é que, ao conversarem claramente sobre os objetivos da organização e de cada um individualmente, os profissionais podem se organizar de modo melhor para atingir os resultados individuais, tornando-se responsáveis pelo próprio sucesso individual, o que certamente contribui para o desempenho positivo da organização. Caso a avaliação não seja realizada de maneira adequada, tudo isso pode estar em risco.

2.9 Cuidados na realização da avaliação de desempenho

Chiavenato (2009, p. 248) sugere que, para que se implante a avaliação de desempenho adequadamente na organização, seis cuidados sejam tomados, conforme o quadro a seguir.

Quadro 2.1 – Cuidados na avaliação de desempenho

Avaliação de desempenho
Assegurar um clima de trabalho de respeito e confiança entre as pessoas.
Encorajar as pessoas a assumirem responsabilidades e a definirem metas de trabalho.
Desenvolver um estilo de administração que seja democrático, participativo e consultivo.
Criar um propósito de direção, futuro e melhoria contínua entre as pessoas.
Gerar uma expectativa permanente de aprendizagem, inovação, desenvolvimento pessoal e profissional.
Transformar a avaliação de desempenho de um sistema julgamental e arbitrário em um processo de diagnóstico de oportunidades de crescimento.

Fonte: Chiavenato, 2009, p. 248.

Hanashiro, Teixeira e Zaccar (2007, p. 315) ressaltam que, mesmo quando se tomam todos os cuidados possíveis, todas as avaliações apresentam vulnerabilidades – para quem avalia, para quem é avaliado e também para a própria organização. Isso ocorre em função do fato de o julgamento com base em experiências anteriores ser inexorável; portanto, há vulnerabilidade em razão do caráter subjetivo, e isso ocorre tanto para quem julga quanto para quem é julgado. Esses autores sugerem que sejam tomados todos os cuidados para evitar distorções durante as avaliações. De fato, avaliar é muito difícil, pois requer que o avaliador não inclua considerações pessoais.

2.10 Processo de avaliação de desempenho de Lucena

De toda a bibliografia utilizada neste livro, os conceitos transmitidos por Lucena (1992, p. 26) trazem um melhor detalhamento das características fundamentais que devem estar presentes em todos os processos de avaliação de desempenho profissional, sendo um modelo bastante didático. Por esse motivo, o modelo de Lucena será apresentado nesta seção. Segundo Lucena (1992, p. 19), os processos de avaliação de desempenho profissional implicam uma "confrontação de algo que aconteceu (resultado) com algo que foi estabelecido antes (meta)". Ele explica que, no mundo dos negócios, não basta somente sugerir que o resultado final foi positivo ou negativo – é necessário que haja a confrontação entre os objetivos traçados anteriormente e os resultados atingidos de fato.

Para esse autor, é papel dos gerentes ou gestores garantir que a supervisão e a orientação diárias sejam capazes de conduzir os funcionários aos resultados esperados, a partir um papel ativo e vigilantemente, focado em eventuais e possíveis desvios de desempenho, acabando com o que talvez esteja causando a ineficiência que impede as metas e os objetivos estratégicos de serem atingidos conforme o esperado.

Lucena (1992, p. 27) sugere que todo processo de avaliação de desempenho apresenta características básicas e comuns:

- **Continuidade**: O processo de avaliação é contínuo; tem base no compromisso que é assumido quando se contrata o funcionário para ocupar um determinado cargo, ainda que ocorra diariamente, em todos os momentos de trabalho do ano ou do período em que ele está sendo avaliado, não apenas nos momentos em que os formulários de avaliação são preenchidos.
- **Periodicidade**: Deve-se definir reuniões para se rever o andamento dos resultados, nas quais o processo de *feedback* deve se fazer presente.
- **Flexibilidade**: Deve-se manter um ambiente adaptativo para comportar os acontecimentos que são impossíveis de prever, permitindo aos gestores dobrar as regras em prol do bom funcionamento do programa de avaliação de desempenho.
- **Individualidade**: O caráter da individualidade indica que cada funcionário deverá ser avaliado não só conforme as metas e os objetivos relativos ao seu cargo e/ou à sua função, mas também de acordo com as metas e os objetivos delineados individualmente para ele, conforme a percepção da necessidade de seu gestor ou mentor.

Depois que as avaliações forem realizadas, cabe aos gestores analisar o real desempenho de cada funcionário, de cada equipe e de cada grupo de trabalho. Simplesmente chegar ao ponto em que a avaliação de desempenho foi realizada é uma vitória, pois até que se chegue a esse ponto há um caminho de muito trabalho, estudo, definições e discussões gerenciais e estratégicas.

Bader, Bloom e Chang (2000, p. 89) explicam que os resultados colhidos numa avaliação podem ser utilizados para uma série de processos organizacionais, como: definição de novos objetivos para os funcionários, os grupos e a organização; avaliação do desempenho individual, do grupo, da organização e autodesempenho; comparação de resultados individuais, de grupos e entre grupos; e comemoração dos sucessos alcançados.

Esses autores sugerem que as reuniões de avaliação de desempenho sejam feitas em grupo. Entretanto, é importante ressaltar que reuniões individuais são também extremamente necessárias para que problemas mais pontuais ou que possam ser considerados embaraçosos não sejam expostos para o grupo, mas somente para quem de fato está envolvido. Com relação à definição de novas metas e objetivos, é também de suma importância que o gestor obtenha o comprometimento dos funcionários, assegurando sua participação na definição de metas. Se necessário, eles também poderão ajudar os gestores a delinear metas e objetivos mais adequados.

Síntese

O presente capítulo versou sobre a avaliação de desempenho profissional, seus objetivos, algumas vulnerabilidades que podem estar presentes durante a avaliação (as quais precisam ser levadas em consideração ao se estruturar um processo de avaliação de desempenho) e, ainda, sobre o modelo de avaliação de Lucena, que, por ser um modelo simples e completo, facilita a compreensão do conteúdo de forma bastante didática.

Este capítulo não apenas procurou mostrar como é importante realizar tal avaliação de forma objetiva, pontual, precisa e sem cargas subjetivas, mas também pretendeu explicar a importância de haver um gestor responsável por sua realização. Foi demonstrado como a avaliação profissional é uma preocupação que acompanha a evolução do homem e do trabalho, estando presente há muito tempo no meio organizacional, mas tornando-se mais forte, presente e visível após a Revolução Industrial.

Com a evolução das tendências de controle do trabalho, também houve maior preocupação com o desempenho do trabalho, com a profissionalização dos funcionários, com processos e custos, entre outros aspectos. Na organização, o acompanhamento do desempenho profissional permite o acompanhamento do desempenho humano dentro de um período de tempo. A coleta de informações com base no levantamento do desempenho profissional e do desempenho da organização fornece insumos diversos que podem ser utilizados para promover melhorias nos resultados de desempenho da própria organização, nas pessoas que nela trabalham e nas relações com clientes e fornecedores.

Outro fator importante da avaliação de desempenho é sua periodicidade. Sabendo que esses processos são trabalhosos e consomem bastante tempo para serem executados, é preciso haver preparação e planejamento adequados, que devem incluir a descrição de todos os cargos da organização, o desenho dos processos de avalição individuais, a definição de índices e métricas de desempenho para cada item avaliado, sessões de treinamento para os avaliados e os avaliadores a fim de que saibam como devem encarar e como podem contribuir e ser beneficiados com o processo avaliativo, entre outros fatores. Sabe-se que, quanto maior for a organização, maiores serão os benefícios colhidos por conta dos processos de avaliação profissional. A periodicidade também é importante, porque não se recomenda uma única avaliação anual sem que haja encontros periódicos para conversar com cada funcionário, nos quais sejam expostos seus resultados individuais ao longo do tempo.

É importante lembrar que os processos de avaliação não focam somente o julgamento do desempenho do funcionário, mas têm a real função de orientar e direcionar os funcionários a tomar condutas mais eficientes, corrigindo erros e problemas, treinando capacidades que necessitem ser aprendidas ou melhoradas, desenvolvendo e capacitando-os; assim, é possível criar um ambiente de trabalho inclusivo e que permita a cada indivíduo desempenhar suas capacidades em seu potencial máximo, para além dos padrões médios de operação.

Novamente, é preciso ressaltar que a avaliação de desempenho é uma avaliação técnica e imparcial do desempenho profissional em relação às atribuições do cargo. Mesmo assim, sabe-se da dificuldade inerente de se reconhecer o limite entre avaliações pessoais e profissionais, já que estão ambas sujeitas à interpretação e à opinião do avaliador. Por esse motivo, os autores recomendam a definição de quesitos referentes a conhecimentos técnicos do cargo e de quesitos humanos que refletem no desempenho das atribuições do cargo, a fim de se construir um bom processo de avaliação de desempenho.

Sabe-se que os processos de avaliação não têm o objetivo de punir os funcionários. Contudo, processos mal organizados podem conferir maior margem para avaliações mal executadas. Portanto, as avaliações devem ocorrer em relação às atribuições e responsabilidades do cargo, às estratégias da organização, às metas individuais do funcionário no que se refere ao cargo ocupado, ao seu efetivo desempenho, entre outros fatores.

Assim, recomenda-se que as atividades do cargo sejam tratadas todas como projetos individuais, pois, desse modo, o funcionário consegue enxergar os passos do trabalho, compreendendo melhor o processo e suas fases – começo, meio e fim –, o que também facilita os trabalhos dos gestores, que já saberão qual a melhor forma de avaliar o desempenho e os resultados atingidos.

Alguns autores também colocam em jogo a percepção dos benefícios e das recompensas pelos funcionários ao efetuarem as tarefas diárias, defendendo que a definição de metas em conjunto com os avaliadores pode favorecer melhores resultados, assim como a compreensão da importância de suas atividades (a percepção da importância determina o esforço de cada indivíduo no trabalho).

Portanto, a avaliação e a análise do trabalho de forma sistemática, além de suas inter-relações dentro da organização, são importantes, pois auxiliam a avaliação do desempenho dos cargos, reforçando os relacionamentos das atividades desenvolvidas com as necessidades da cada área.

Outro quesito que faz parte dessa sistemática é a periodicidade, pois os programas institucionais de avaliação de desempenho marcam o calendário da organização, fazendo com que todos se preparem, conversem, tirem dúvidas e voltem sua atenção, com maior ênfase, periódica e adequadamente, ao seu trabalho. Nesse processo, cria-se uma oportunidade que beneficia a organização, o avaliador e o avaliado, pois é proporcionado um momento de foco nos negócios e assuntos organizacionais, no qual as três partes se beneficiam.

É importante, neste ponto, que o leitor consiga conceituar com suas próprias palavras *desempenho profissional*, tendo a capacidade de esboçar e desenvolver seu próprio método de avaliação de desempenho profissional.

A seguir será apresentada uma série de exercícios e atividades, com vistas a promover a compreensão dos estudos examinados e facilitar o processo mnemônico.

Questões para revisão

1. Explique quais fatores podem ser condicionantes do desempenho profissional.

2. Complete o quadro a seguir, o qual ilustra como alguns fatores influenciam o desempenho profissional de cada cargo.

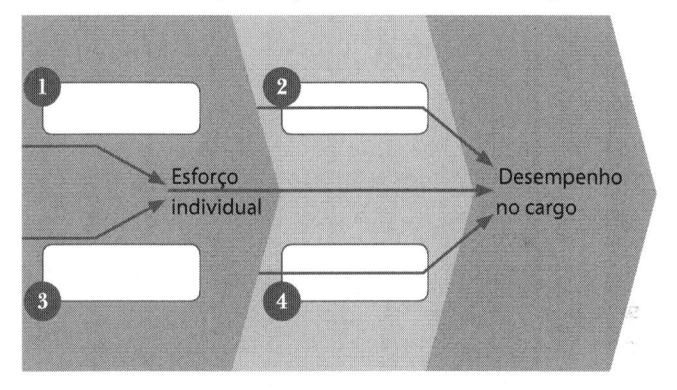

```
    [ 1 ]              [ 2 ]
         ╲            ╱
          Esforço ──────────→ Desempenho
          individual           no cargo
         ╱            ╲
    [ 3 ]              [ 4 ]
```

3. Sobre as vulnerabilidades do processo de avaliação de desempenho e como isso pode afetar a organização, marque as alternativas verdadeiras com V e as alternativas falsas com F.
   ( ) A avaliação do gestor pode ser baseada tanto em suas percepções da realidade quanto em fatos reais.

( ) A organização não deve encorajar que gestores avaliadores e funcionários avaliados tracem metas de avaliação de desempenho em conjunto, já que isso não favorece o estabelecimento de respeito e vínculos de confiança.

( ) Quando o avaliador e o avaliado estabelecem metas e objetivos conjuntamente para os processos de avaliação de desempenho, o índice de comprometimento do avaliado aumenta substancialmente.

( ) Processos de avaliação de desempenho mais objetivos, que avaliam apenas os resultados, conseguindo eliminar a subjetividade das situações, são recomendáveis.

Agora, assinale a alternativa correta:

a) V, V, V, V.
b) F, F, V, V.
c) V, F, V, V.
d) V, F, F, F.

4. Explique o quadro a seguir, o qual detalha o processo de análise de trabalho. Explique qual sua importância para os processos de avaliação de desempenho.

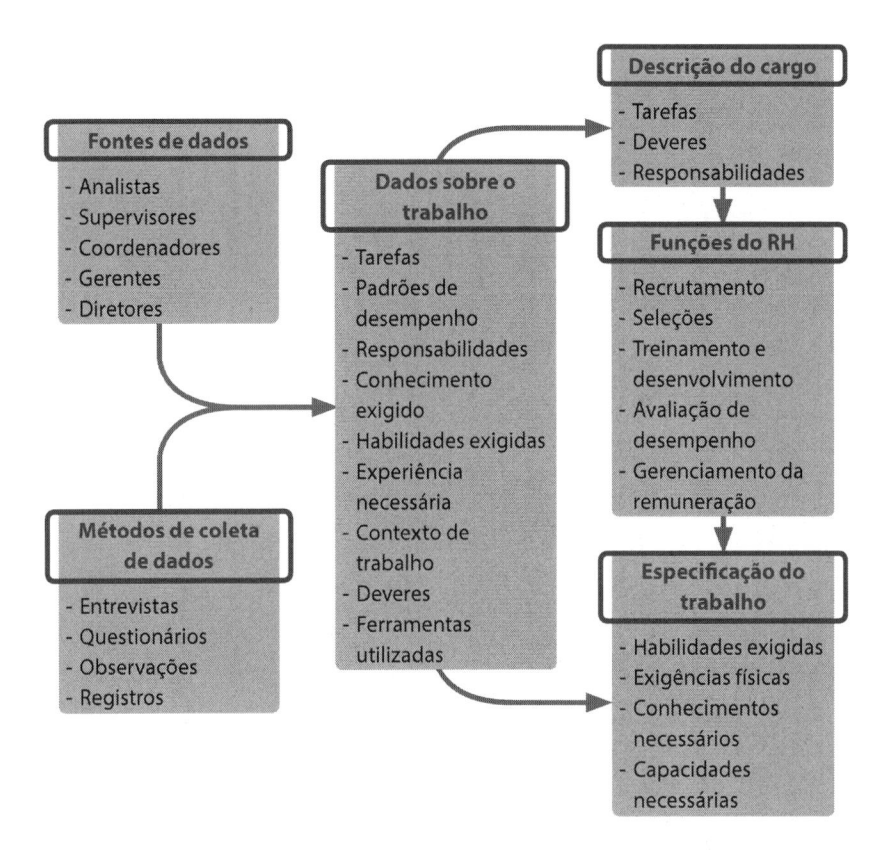

Fontes de dados
- Analistas
- Supervisores
- Coordenadores
- Gerentes
- Diretores

Métodos de coleta de dados
- Entrevistas
- Questionários
- Observações
- Registros

Dados sobre o trabalho
- Tarefas
- Padrões de desempenho
- Responsabilidades
- Conhecimento exigido
- Habilidades exigidas
- Experiência necessária
- Contexto de trabalho
- Deveres
- Ferramentas utilizadas

Descrição do cargo
- Tarefas
- Deveres
- Responsabilidades

Funções do RH
- Recrutamento
- Seleções
- Treinamento e desenvolvimento
- Avaliação de desempenho
- Gerenciamento da remuneração

Especificação do trabalho
- Habilidades exigidas
- Exigências físicas
- Conhecimentos necessários
- Capacidades necessárias

5. Avalie as alternativas a seguir, assinalando com V (verdadeiro) as que sugerem uma carga subjetiva que pode prejudicar a avaliação de desempenho de um funcionário e com F (falso) as que indicam situações em que essa relação não existe.
   ( ) O avaliador "não vai com a cara" do funcionário, mas faz uma avaliação completamente quantitativa dos resultados.
   ( ) O avaliado acredita que seu desempenho de trabalho é sempre melhor que os dos colegas de trabalho e consegue vender melhor a imagem de "funcionário perfeito" para seus superiores hierárquicos. Contudo, os colegas sabem que seu trabalho é mal executado e que seu desempenho deixa a desejar.
   ( ) O avaliado "não vai com a cara" do avaliador.

( ) O avaliador gosta muito da companhia descontraída do avaliado, fazendo com que seu relacionamento amigável favoreça o avaliado.

Agora, assinale a alternativa correta:

a) F, F, F, F.
b) F, V, V, F.
c) V, V, F, F.
d) F, F, F, V.

Questão para reflexão

1. Você trabalha no setor de RH de uma grande organização e foi incumbido de desenvolver o seu novo processo de avaliação. Seu orçamento é ilimitado e você não precisa reutilizar nenhum sistema previamente existente na organização, ficando a seu critério o que será desenvolvido. Você deverá desenhar o fluxograma do processo de avaliação de desempenho profissional que considere ideal para a organização, com o intuito de apresenta-lo à diretoria. Além disso, você precisará descrevê-lo detalhadamente, explicando seu funcionamento, suas exceções (se aplicáveis) e incluindo orientações para que os profissionais de RH possam utilizá-lo.

Para saber mais

TUCKER: um homem e seu sonho. Direção: Francis Ford Coppola. EUA: Paramount Pictures, 1988. 110 min.

Esse filme conta a história de Preston Tucker e sua tentativa de produzir um carro e torná-lo vendável em 1948. Essa tentativa empreendedora foi tomada como afronta pelas grandes companhias produtoras de automóveis da época, e Trucker foi acusado de fraude. O filme retrata diversas facetas da rotina organizacional, como estratégia, *marketing*, logística, cadeia de produção e suprimentos, inovação, tecnologia, qualidade e recrutamento e seleção. São também demonstradas lições sobre a importância da integração de todas as áreas dentro da organização, a necessidade de haver um líder, além da importância de planejamento e avaliação do desempenho dentro da organização e fora dela.

3 Ferramentas para avaliar desempenho

Conteúdos do capítulo

- Ferramentas que podem ser utilizadas para avaliar o desempenho dentro das organizações.

Após o estudo deste capítulo, você será capaz de:

- analisar algumas ferramentas de avaliação de desempenho;
- compreender as diferenças entre as ferramentas apresentadas e sua aplicabilidade.

A proposta aqui é apresentar e explicar as principais ferramentas de avaliação de desempenho profissional utilizadas na atualidade, fornecendo alguns detalhes preciosos. Existem inúmeras ferramentas para avaliar o desempenho, e cada organização escolhe as formas e os métodos que melhor lhe servirem. No entanto, é interessante que o leitor pratique a avaliação de desempenho com as ferramentas aqui apresentadas a fim de promover a fixação do conteúdo. Dessa forma, poderá verificar na prática quais são as melhores ferramentas ou as mais adequadas a determinadas situações.

3.1 Objetivos intermediários da avaliação de desempenho profissional segundo Chiavenato

De acordo com Chiavenato (2009, p. 251),

> A avaliação de desempenho não é um fim em si mesma, mas um instrumento, um meio, uma ferramenta para melhorar os resultados dos recursos humanos da organização. Para alcançar esse objetivo básico – melhorar os resultados dos recursos humanos da organização –, a avaliação do desempenho procura alcançar uma variedade de objetivos intermediários.

Esse mesmo autor propõe os seguintes objetivos intermediários:

- promover **treinamento técnico** para que o indivíduo se capacite e ocupe seu cargo mais satisfatoriamente;
- promover a **adequação do indivíduo** ao cargo por ele ocupado, visto que somente receber treinamento não garante a adequação do funcionário;
- fornecer informações consistentes a respeito das **necessidades de melhora**, as quais apontem para uma futura promoção, ou seja, a avaliação de desempenho profissional pode não apenas focar nas necessidades atuais do cargo, mas também ser trabalhada de forma

a mostrar aos profissionais quais competências lhes faltam para que eventualmente ocupem determinado cargo ou sejam promovidos;
- promover melhoras na remuneração por bom desempenho;
- promover melhora no alinhamento entre gestores e subordinados;
- estimular o autoaperfeiçoamento do funcionário, fazendo com que ele cobre de seus gestores opiniões sobre sua necessidade de desenvolvimento técnico, assim como metas e objetivos mensuráveis e que não comportem subjetividade;
- gerar informações para que o setor de recursos humanos (RH) avalie melhor o desenvolvimento da organização;
- mensurar o potencial de desenvolvimento dos funcionários.
- aumentar a produtividade – o foco não é aumentar as horas de trabalho, mas sim a qualidade do trabalho realizado;
- mensurar e conhecer os padrões de desempenho da organização.
- promover conversas francas e abertas entre avaliador e avaliado, nas quais é fornecido *feedback* claro e objetivo;
- aproveitar melhor o potencial de profissionais que ocupem cargos que não lhes permitem desenvolver plenamente suas reais capacidades intelectuais.

> A seguir, há um exemplo que compara uma proposta de meta organizacional escrita primeiro de forma subjetiva e posteriormente de forma objetiva e mensurável.
> - Meta A1: na avaliação anual realizada pelo cliente A, atingir bons resultados.
> - Meta A2: na avaliação anual realizada pelo cliente A, atingir o mínimo de 97% de satisfação no quesito qualidade de serviço e 98% de acertos na entrega dos pedidos.

Com base nos objetivos listados, é possível reconhecer uma quantidade de benefícios provindos da avaliação de desempenho, como:
- eliminar ou minimizar a subjetividade que pode permanecer durante uma avaliação.
- criar metas claras, mensuráveis e objetivas, proporcionando ao avaliado entendimento melhor da situação e do que seus superiores esperam de seu desempenho (ver exemplo anterior sobre estimular o autoaperfeiçoamento do funcionário);

- melhorar o padrão de desempenho geral de todos os avaliados, o que, provavelmente, aperfeiçoaria o desempenho da organização – ao tornar as metas de um processo de avaliação claras, objetivas e mensuráveis, é possível ao próprio avaliado saber como está evoluindo ao longo do tempo; quando for hora da avaliação de desempenho, o próprio avaliado já terá um meio de saber qual foi seu desempenho;
- melhorar a comunicação entre líderes e liderados, ao proporcionar uma melhor compreensão do que é importante para a organização e do que é importante no trabalho executado diariamente, auxiliando de modo que todos os funcionários cumpram os objetivos e as metas da organização sem surpresas.

3.2 Os responsáveis pelas avaliações de desempenho

Cada organização define quem é responsável por avaliar e quem deve ser avaliado. De forma geral, as avaliações seguem um padrão: o subordinado é avaliado por seu superior hierárquico ou funcional. Contudo, organizações modernas são mais flexíveis com relação a esse método e as variações estão se tornando menos raras.

3.2.1 Avaliação realizada pelo gerente/gestor

A avaliação realizada pelo gerente/gestor sobre o desempenho profissional de seus subordinados é o mais antigo tipo de avaliação existente e, provavelmente, o modelo mais comum.

O setor de RH entra em cena quando o gestor não tem domínio do processo de avaliação, auxiliando-o a formalizar as avaliações. De todo modo, é o RH que desenha o modelo de avaliação, sugere linhas gerais para as avaliações, explica como cada avaliação deve ser realizada e determina prazos para a sua realização.

Quando o processo de avaliação não transcorre bem, criando conflitos entre o avaliador e avaliado, o setor de RH pode auxiliar na situação, funcionando como um intermediador que concilia as partes. Contudo, isso só ocorre quando os gestores dão tal abertura. De qualquer forma, esse modelo apenas funciona quando o gestor de fato conhece o trabalho dos subordinados. Quando não é o caso, não se recomenda esse modelo.

3.2.2 Autoavaliação

Segundo Chiavenato (2009), nesse modelo de avaliação de desempenho, presente em organizações muito modernas e democráticas, é o próprio indivíduo subordinado quem realiza sua avaliação de desempenho, ou seja, trata-se de uma autoavaliação.

Pode-se afirmar que a utilização desse único modelo não funciona bem, pois é preciso haver uma supervisão que valide a avaliação, ou ainda, idealmente, associe a utilização desse modelo de avaliação com outros. Portanto, essa ferramenta deve ser utilizada em conjunto com outras, podendo, assim, ser utilizada para monitorar e gerir as expectativas do funcionário.

3.2.3 Avaliação mista: gestor e subordinado

A avaliação de desempenho mais adotada atualmente é uma forma mista, na qual tanto o gestor como o subordinado estão envolvidos para realizar um processo de avaliação mais justo, claro e pertinente a cada cargo e situação (Chiavenato, 2009, p. 248). Esse formato de trabalho é mais dinâmico, pois a parceria entre subordinado e gestor faz com que as necessidades técnicas dominadas pelo subordinado sejam adequadas às necessidades gerenciais do gestor, deixando os objetivos de todos claros, bem definidos, mensuráveis e fáceis de acompanhar.

Essa situação também permite que problemas de avaliações unilaterais (quando, por exemplo, o gestor avalia seu subordinado) sejam evitados, diminuindo as chances de o funcionário se sentir surpreso com o resultado de uma má avaliação ou descontente com uma avaliação de resultado medíocre.

Na avaliação de desempenho mista, o gestor e o subordinado definem o que será avaliado, como será avaliado e como serão mensurados os resultados. Assim, podemos destacar alguns pontos:

- **Objetivos consensuais**: São estabelecidos de comum acordo e não há imposições; assim, os subordinados encontram sentido lógico no que lhes será cobrado posteriormente. Para a empresa, isso é ótimo porque aumenta as chances de o funcionário se dedicar plenamente ao que realmente interessa, ao compreender a importância dos objetivos buscados.
- **Comprometimento mútuo**: Ao participar do seu próprio processo de avaliação, o subordinado se reconhece como parte do seu processo evolutivo dentro da organização, minimizando o cenário de imposições, tipicamente presente.
- **Recursos necessários**: Na avaliação, os subordinados podem cobrar recursos extras de seus gestores, sejam físicos/materiais, sejam técnicos/não materiais; podem, por exemplo, negociar a participação em cursos de aperfeiçoamento, pré-negociar horas extras nos períodos do mês em que a carga de trabalho for maior, exigir computadores novos ou outras ferramentas que facilitem o desenvolvimento do trabalho.
- **Desempenho**: É possível ao funcionário já deixar acordado como fará para atingir cada meta e quais métodos serão utilizados nesse processo; pode-se definir também qual a periodicidade em que os resultados serão mensurados, como o gestor acompanhará o andamento da avaliação e como informará ao subordinado o que está acontecendo (afinal, a avaliação de desempenho profissional ocorre diariamente, e não apenas em uma data específica).

3.2.4 Avaliação pelas equipes de trabalho

Quanto à avaliação de desempenho em equipes, mesmo sendo a menos usada (Chiavenato, 2004), pode-se também definir que a equipe de trabalho avaliará o desempenho de cada membro individualmente. Assim, cada um se torna gestor, ao mesmo tempo que também é subordinado.

Esse modelo é bastante democrático, pois a equipe também participa das tomadas de decisão e da avaliação de desempenho, desenhando as metas, os objetivos e o modo de acompanhamento. Contudo, com esse método, se as equipes envolvidas forem grandes, é possível que haja dificuldade na organização das informações, o que poderá abrir espaço para que pessoas sem o devido preparo passem a tumultuar a avaliação, estendendo o processo desnecessariamente.

Quando há uma equipe envolvida na avaliação de um funcionário, é preciso que se tome cuidado com o que os participantes falam, a fim de evitar expor os avaliados a situações desconfortáveis e/ou vexatórias, assim como a processos judiciais.

3.3 Tipos de instrumentos e métodos de avaliação de desempenho

Os métodos e instrumentos para avaliar o desempenho profissional dos colaboradores de uma organização são bastante diversos, pois cada área demanda avaliações diferenciadas de *expertises*, processos e resultados.

É importante ressaltar que a avaliação consiste em um método sistemático para avaliar o desempenho de algo.

Visando definir exatamente como o desempenho será mensurado, é necessário que o responsável pela avaliação saiba quais são as atividades pertinentes ao trabalho. Por exemplo, seria muito interessante que se organizasse uma lista de todas as atividades desenvolvidas e que necessitam ou merecem ser mensuradas, especificando se já existe algum método de acompanhamento e como esse método atua para mensurar os resultados. Após esse passo, é possível começar a identificar quais métodos podem ser utilizados para melhor acompanhar a evolução de resultados.

É fundamental que o leitor compreenda a diferença entre método e instrumento. O método é a sequência de eventos definida para a tomada de medidas – por exemplo, uma avaliação de desempenho pode ocorrer de 3 em 3 meses, por avaliação dos resultados. O instrumento utilizado para registrar tais resultados pode ser um programa de computador, uma folha de papel, um quadro negro, entre outros.

3.3.1 Método de escalas forçadas

Esse método foi desenvolvido por uma equipe técnica estadunidense durante a Segunda Guerra Mundial, com o intuito de facilitar a escolha de oficiais das forças armadas que estavam cotados para promoção. Essa foi a maneira encontrada para não haver favoritismos, efeito halo[1] (estereotipação), protecionismos etc. (Chiavenato, 2009, p. 259).

O método consiste em fornecer duas ou mais frases para o avaliador escolher apenas uma das alternativas disponíveis. Existem duas formas de se construírem tais frases:

- Método 1: São formadas duas frases de significados positivos e duas de significados negativos. O avaliador precisa escolher a frase que mais se enquadra no perfil do avaliado e a que menos se enquadra.
- Método 2: São formadas quatro frases de significado positivo. O avaliador deve escolher as frases que mais se aplicam ao desempenho do avaliado.

Segundo Chiavenato (2009, p. 260), a formação dessas frases ocorre por procedimentos estatísticos, que buscam avaliar a adequação do avaliado aos critérios ou ao perfil da organização. Nesse tipo de avaliação, são levados em consideração o índice de aplicabilidade (como a frase é aplicável ao desempenho) e o índice de discriminação (como a frase identifica o desempenho).

---

1   Efeito halo: Tal efeito foi primeiro descrito por Edward Thorndike (1920) e ocorre quando determinado quesito avaliado ou impressão sobre determinada pessoa fica marcado na mente do avaliador, passando a influenciar todos os próximos quesitos avaliados, alterando o resultado geral. Esse tipo de ocorrência pode ser causado pela percepção positiva ou negativa, ou ainda, pela simpatia ou antipatia que o avaliador possa ter em relação ao avaliado.

Tabela 3.1 – Métodos de escalas forçadas

Avaliação de desempenho						
Nome do funcionário:							
Cargo:			Seleção:			
Abaixo você encontrará frases de desempenho combinadas em blocos de quatro. Anote um "x" na coluna ao lado, sob o sinal "+" para indicar a frase que melhor define o desempenho do empregado e também o sinal "-" para a frase que menos define seu desempenho. Não deixe nenhum bloco sem preencher duas vezes							
	nº	+	−		nº	+	−
Faz apenas o que mandam	1			Tem medo de pedir ajuda	41		
Comportamento irrepreensível	2			Mantém seu arquivo sempre em ordem	42		
Aceita críticas construtivas	3			Já apresentou queda de produção	43		
Não produz quando está sob pressão	4			É dinâmico	44		
Cortês com terceiros	5			Interrompe constantemente o trabalho	45		
Hesita em tomar decisões	6			Nota-se que "ele gosta do que faz"	46		
Merece toda confiança	7			Tem boa memória	47		
Tem pouca iniciativa	8			Gosta de reclamar	48		

Fonte: Chiavenato, 2009, p. 259.

O método de escolha forçada garante praticamente só benefícios, pois os resultados são isentos de opiniões subjetivas e pessoais, além de ser fácil de completar. Contudo, o preparo do teste é muito trabalhoso e demorado, em virtude de sua complexidade.

3.3.2 Método de incidentes críticos

Esse método também foi desenvolvido pelas forças armadas estadunidenses e baseia-se na ideia de que algumas características extremas são capazes de levar a resultados tanto positivos/de sucesso quando negativos/de fracasso.

No método de incidentes críticos não existe a preocupação com situações que ocorrem dentro da normalidade, mas com características extremamente positivas ou negativas. Num primeiro momento, o avaliador identifica tanto as características extremamente positivas quanto as extremamente negativas de cada indivíduo. Num segundo momento, o avaliador responsabiliza-se por tentar buscar que o avaliado utilize suas características extremamente positivas e que corrija e elimine as extremamente negativas.

3.3.3 Método comparativo

Esse método busca comparar o desempenho de todos os funcionários da organização de modo simultâneo, par a par, com relação a um determinado quesito por vez.

Para cada quesito, de cada par apenas um funcionário pode ser considerado o melhor, sendo este indicado/marcado na matriz. Isso ocorre sucessivamente, até que todos os funcionários sejam avaliados. Ao final, soma-se a quantidade de marcações/indicações realizadas, de modo que o funcionário que obtiver o melhor resultado será considerado o melhor funcionário, e o que obtiver menor pontuação, o pior naquele determinado quesito.

Tabela 3.2 – Método de comparação

Quesito Produtividade	Comparação Funcionário			
	A	B	C	D
A e B		X		
A e C	X			
A e D	X			
B e C		X		
B e D		X		
C e D			X	
Pontuação	2	3	1	

Fonte: Chiavenato, 2009, p. 262.

Apesar de ser um método bastante simples, ele é pouco eficiente, pois não possibilita avaliar o profissional por completo, num quesito geral, e sim avaliar com relação a apenas um quesito. Ou seja, como acontece na Tabela 3.2, o funcionário D pode não ser tão produtivo como o funcionário A, B ou C; contudo, o quesito *produtividade* não está bem detalhado e não informa se este se refere a uma produtividade geral, que se relaciona com toda a quantidade produzida, incluindo erros, ou se abrange somente a quantidade produzida sem erros. Portanto, sua utilização deve ocorrer apenas quando todos os outros métodos já foram exauridos.

3.3.4 Método de escala gráfica

Esse método busca avaliar o desempenho dos indivíduos em função de quesitos pré-selecionados. Em razão de sua simplicidade, é o método mais divulgado e aplicado e, tipicamente, não requer que a organização despenda tempo para ensinar os funcionários a utilizá-lo.

Trata-se de uma matriz na qual os quesitos são expostos nas linhas e nas colunas são inseridas as graduações/notas/resultados da avaliação realizada para cada quesito; desse modo, cada quesito é acompanhado de uma descrição simples e objetiva do que busca avaliar.

Esse método permite uma maior agilidade aos avaliadores na hora da avaliação, além de facilitar o entendimento e a visualização de todos os itens. Entretanto, apresenta a desvantagem de não oferecer flexibilidade ao avaliador, o que o mantém restrito a avaliar somente esse quesito ou situação, sem poder fazer mais inferências ou comentários sobre o tema.

3.3.4.1 Escala gráfica contínua

O avaliador pode situar, em qualquer ponto da linha, o que considerar adequado para tal avaliação – desde que esteja entre "quantidade de produção insatisfatória" e "quantidade de produção satisfatória".

Essa representação em escala gráfica favorece o entendimento da situação. No caso de não haver valores expressos, é porque realmente não há necessidade, já que está se referindo a apenas uma situação. Quando há necessidade, as escalas já vêm impressas com a devida mensuração.

Figura 3.1 – **Escala gráfica contínua**

| Quantidade de produção insatisfatória | | Quantidade de produção satisfatória |

Fonte: Adaptado de Chiavenato, 2009, p. 254.

No caso identificado na Figura 3.2, o avaliador julgou que a quantidade de produção em questão está ruim, ou seja, mais próxima de "quantidade de produção insatisfatória". Isso facilmente sinaliza aos responsáveis que pode haver algum problema ou desvio na linha de produção.

Figura 3.2 – **Escala gráfica contínua preenchida**

| Quantidade de produção insatisfatória | ✗ | Quantidade de produção satisfatória |

Fonte: Adaptado de Chiavenato, 2009, p. 254.

É importante notar que a escala indica apenas informações sobre a quantidade de produção, ou seja, não avalia informações com relação à qualidade do produto produzido. Portanto, o avaliador pode ter marcado a escala mais próxima de "quantidade de produção satisfatória", mas isso não significa necessariamente que a quantidade disponível atende ao padrão de qualidade esperado, o que na realidade poderia significar que a quantidade disponível não é satisfatória, pois é possível, por exemplo, haver retrabalho e refugo.

Essa escala é bastante prática e versátil, podendo ser adaptada a muitas situações. Por exemplo, seria possível também utilizá-la para indicar a qualidade dos produtos produzidos em determinado lote ou indicar que o estoque de algum produto encontra-se em níveis críticos e precisa ser reposto com urgência.

Conforme mencionado anteriormente, é importante o leitor perceber que esse modelo de escala gráfica só pode avaliar uma situação por vez, dada a circunstância de momento, ou seja, não significa que o primeiro resultado se repetirá todas as vezes que o avaliador for aferir o desempenho desejado. A Figura 3.3 demonstra um exemplo no qual o nível de estoque, ainda satisfatório, chegará a um nível insatisfatório se não for reposto em breve.

Figura 3.3 – Escala gráfica contínua preenchida

| Quantidade de produção insatisfatória | ✗ | Quantidade de produção satisfatória |

Fonte: Adaptado de Chiavenato, 2009, p. 254.

3.3.4.2 Escala gráfica semicontínua

O avaliador pode situar em qualquer ponto da linha o que considerar adequado para tal avaliação – a única diferença para o modelo de escala gráfica contínua é que o gráfico já vem graduado em porções iguais, a fim de facilitar a marcação da avaliação aferida.

Assim como apresentado no caso das escalas gráficas contínuas, a representação gráfica aqui também favorece o entendimento da situação. Nesse caso, há valores no gráfico, pois o intuito é indicar a situação com algum nível de precisão.

Figura 3.4 – Escala gráfica semicontínua

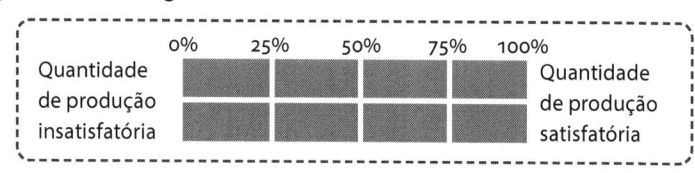

| Quantidade de produção insatisfatória | 0% | 25% | 50% | 75% | 100% | Quantidade de produção satisfatória |

Fonte: Adaptado de Chiavenato, 2009, p. 254.

No caso identificado na Figura 3.5, o avaliador julgou que a quantidade de produção em questão está a 75% de sua capacidade. De forma geral, a maior parte das pessoas afirmaria que essa quantidade de produção pode ser considerada boa. Contudo, o gráfico não apresenta mais informações e, ao se assumir que a quantidade de 75% está boa, seria possível cometer um erro.

Figura 3.5 – **Escala gráfica semicontínua preenchida**

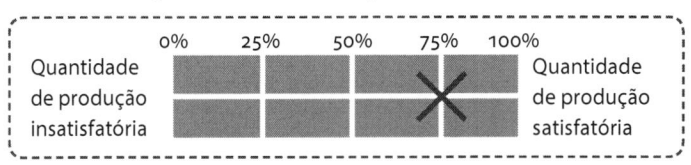

```
            0%    25%   50%   75%   100%
 Quantidade  ┌────┬────┬────┬────┐  Quantidade
 de produção │░░░░│░░░░│░░░░│ ╳  │  de produção
 insatisfatória └────┴────┴────┴────┘  satisfatória
```

Fonte: Adaptado de Chiavenato, 2009, p. 254.

Na verdade, cada organização indicará o que é aceitável para seus padrões de funcionamento. Novamente, é preciso ressaltar que esses tipos de escalas gráficas são escolhidos justamente pela sua facilidade de utilização e porque visualmente sinalizam aos responsáveis que está tudo bem ou que pode haver algum problema ou desvio na linha de produção. É importante que os leitores compreendam que essas escalas não oferecem muitas informações, mesmo sendo de fácil utilização.

É importante notar que a escala gráfica indica apenas informações sobre a quantidade de produção, ou seja, não está avaliando informações com relação à qualidade do produto – exatamente como já explicado. Ou seja, o gráfico representa quantidades de produção, mas não informa se todas as peças estão bem produzidas, sem erros, sem variações inaceitáveis, dentro de um padrão, e assim por diante.

Como é possível perceber, a utilização dessa escala é bastante versátil, podendo ser adaptada a quase todas as situações.

Novamente, é importante mencionar que esse modelo também só pode avaliar uma única situação por vez e que, assim como no caso das escalas gráficas contínuas, reflete a circunstância de momento, uma vez que, se um resultado for aferido e marcado na escala, esta poderá mudar.

3.3.4.3 Escala gráfica descontínua

Assim como nos casos das escalas gráficas contínuas e semicontínuas, nas descontínuas o avaliador deve registrar sua avaliação em qualquer ponto da linha que considerar adequado. O que muda é o fato de a escala vir graduada com adjetivos que indicam a evolução de uma situação, como *muito ruim, ruim, muito fraco, fraco, regular, bom, muito bom, ótimo*. A escala pode também estar graduada de 1 a 10, configuração na qual 1 representa uma nota muito baixa e 10 a nota mais alta possível.

Todos esses esquemas propostos buscam facilitar o registro da avaliação aferida – nesse caso, é importante lembrar que os números expressos (1, 2, 3, 4, 5, 6, 7, 8, 9 e 10) não indicam quantidades, e sim níveis de satisfação/insatisfação, adequação/inadequação, congruência/incongruência, ou seja, os números não expressam notas ou valores quantitativos.

No caso das escalas gráficas descontínuas, o avaliador deve somente escolher as marcações já determinadas, não podendo sugerir novas graduações. É importante lembrar aqui que se procura entender uma determinada situação com quesitos qualitativos, e não quantitativos. No caso proposto na Figura 3.6, o avaliador pode escolher se o nível da quantidade de produção está ruim, fraco, regular, bom ou ótimo.

Figura 3.6 – Escala gráfica descontínua

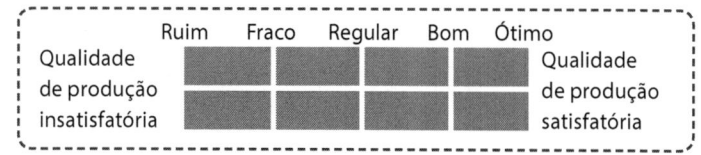

Qualidade de produção insatisfatória	Ruim	Fraco	Regular	Bom	Ótimo	Qualidade de produção satisfatória
	■	■	■	■		
					■	

Fonte: Adaptado de Chiavenato, 2009, p. 254.

Considera-se que, para a avaliação de desempenho em organizações, esse é o método mais usado, pois facilita na hora de comparar os resultados dos avaliados.

A principal diferença entre as escalas gráficas contínuas, semicontínuas e descontínuas é que as descontínuas apresentam informações mais qualitativas e as contínuas e semicontínuas, informações mais quantitativas.

Assim como nos modelos apresentados anteriormente, as escalas gráficas descontínuas também só podem avaliar uma situação por vez e, como nas anteriores, os resultados também representam circunstâncias de momento e podem mudar quando feita nova avaliação.

3.3.5 Método de avaliação 360°

Na avaliação de desempenho em 360°, são envolvidos todos os profissionais que cercam o avaliado em seu ambiente de trabalho e que têm algum tipo de interação funcional com ele. Por esse motivo, ela é chamada de *avaliação 360°*.

Quem participa dessa avaliação são os superiores hierárquicos, os subordinados, os colegas de trabalho, os colegas-pares de trabalho (que desenvolvem juntos alguma atividade dentro da organização), o setor de RH, os fornecedores (externos e internos) e o próprio indivíduo avaliado. Nesse caso, o interessante é o fato de a avaliação orientar todos os mesmos quesitos para todos os avaliadores. É possível, assim, mensurar o desempenho de forma mais adequada.

Caso essa avaliação seja feita na presença do avaliado e com todos os avaliadores no mesmo ambiente físico, é preciso tomar cuidado para não expor o avaliado a uma situação desconfortável, que possa vir a causar embaraço e vulnerabilidade.

Bader, Bloom e Chang (2000, p. 65) sugerem que, quando funcionários forem solicitados a participar de um processo de avaliação de algum outro funcionário, as seguintes diretrizes sejam observadas:

- pesquisar se há vontade de não participar da avaliação, abstendo-se de comentar sobre o desempenho do colega;
- explicar a finalidade da coleta de informações, fornecendo informações específicas sobre a coleta e quem terá acesso a elas;
- elucidar como será o processo de *feedback*, ou seja, quem participa da pesquisa, quem coleta os dados, quem avalia os dados coletados, como será feito o filtro das informações, confidencialidade etc.;
- proporcionar treinamento sobre as técnicas de *feedback*;
- escolher uma pessoa de fora do grupo para auxiliar na coleta de informações, para garantir que não se crie um ambiente desfavorável, no qual as opiniões pessoais interfiram numa avaliação justa e imparcial.

Figura 3.7 – Avaliação de desempenho 360°

Diagrama com "Avaliado" no centro e setas apontando de: Próprio indivíduo, RH, Colegas pares, Colegas, Gerente, Equipe de trabalho, Fornecedores internos, Fornecedores externos.

Fonte: Adaptado de Chiavenato, 2009, p. 250.

3.3.6 Método de autoavaliação

A autoavaliação é um método bastante usado, no qual o avaliado preenche sua própria avaliação, lista o que acha válido e submete o resultado ao seu gestor para que ele também o avalie. O interessante é não apenas que gestor e avaliado analisem juntos a avaliação, mas que conversem sobre o que, dentre os itens listados, está de acordo com a opinião do gestor, o que ainda precisa ser melhorado e como essa melhora poderá ser realizada.

O fato de o método se chamar *autoavaliação* não significa que o avaliado possa considerar sua própria avaliação como a a única opinião técnica sobre sua situação de desempenho. É preciso que haja interação entre subordinado e superior hierárquico, de modo a garantir que a avaliação seja imparcial, para que possa, então, ser dada como concluída.

3.3.7 Método da avaliação por resultados

A avaliação por resultados tipicamente segue um cronograma que compara resultados atuais com anteriores e com a meta de resultados. Essa avaliação consiste em uma comparação entre os resultados atingidos e os esperados. Nesse tipo de avaliação, é possível avaliar pontos fortes e pontos a serem desenvolvidos, que podem favorecer a tomada de ações para o futuro próximo, como implantar treinamentos, oferecer seminários e outras formas de capacitação para os funcionários.

Atualmente se fala ainda em **avaliação por objetivos (APO)** e **avaliação participativa por objetivos (APPO)**, que também são variações do método de avaliação por resultados.

A APO é uma ferramenta desenhada para permitir aos gestores da organização maior facilidade em reconhecer, desenvolver, alinhar e utilizar as habilidades e os potenciais dos funcionários por meio da vinculação dos objetivos da organização com o desempenho do funcionário no auxílio da obtenção de tais objetivos, delimitando exatamente qual a área de responsabilidade de cada funcionário, com o intuito de que este saiba como deve contribuir para a organização atingir seus objetivos. Essa ferramenta busca avaliar o interesse, o engajamento e o comprometimento do funcionário com suas funções profissionais.

A APPO é outra ferramenta, muito similar à APO, mas que busca ser mais inclusiva e democrática, fazendo com que o funcionário se interesse pelo processo de sua própria avaliação. Nesse modelo, o funcionário auxilia seu gestor ou gerente a definir as metas e os objetivos, de modo que os interesses do funcionário e da organização estejam alinhados e se apoiem mutuamente. Os recursos necessários para atingimento das metas também são negociados – podem estar inclusas questões como infraestrutura, recursos físicos, treinamentos e capacitações, suporte e contratação de novos membros da equipe. Normalmente também é acordada a periodicidade com que os resultados serão avaliados (autoavaliação, com suporte da gerência reduzido) e como o funcionário fará para atingir os objetivos (métodos, abordagem, melhoria contínua etc.).

Diferentemente da APO, na APPO os funcionários avaliados ajudam a traçar seus objetivos de desempenho. Essa ferramenta busca aproximar o gestor e o funcionário avaliado, o que com frequência proporciona um estreitamento das relações, favorecendo a compreensão mútua, propiciando melhores índices de satisfação, melhores resultados e maiores índices de motivação no trabalho. A APPO deve obedecer, necessariamente, aos seguintes passos:

1. Formulação de objetivos consensuais: Não há imposição de objetivos, o funcionário e o gerente entram em consenso.
2. Comprometimento pessoal do funcionário para alcançar os objetivos traçados: Frequentemente, há a formalização dos compromissos firmados.
3. Alocação dos recursos disponíveis e dos meios necessários: Todas as necessidades para que sejam atingidos os objetivos são estabelecidas aqui, como aumento de orçamento, novos computadores, uma sala, um projetor, contratação de novos funcionários, veículo para visitas a clientes – tudo depende do que for acordado.
4. Desempenho: Define-se como o profissional avaliado deverá comportar-se.
5. Monitoramento dos resultados: Define-se como será realizado o acompanhamento dos resultados, a periodicidade e os critérios de avaliação. O funcionário deve estar pronto para fazer a sua autoavaliação, podendo solicitar auxílio ao gerente.
6. Melhoria contínua: O funcionário deve atentar para o que pode ser melhorado, comunicando efetivamente como, onde e por que determinadas mudanças devem ocorrer.

3.3.8 Métodos mistos

Nos métodos mistos, fica a critério da organização misturar os métodos que lhe pareçam mais adequados. Eventualmente, tal critério pode ser repassado ao avaliador.

É interessante e indicada a utilização de métodos mistos com o intuito de buscar aumentar a confiabilidade dos resultados colhidos, pois assim é possível realizar uma avaliação mais completa, que prima por avaliar diferentes aspectos.

Chiavenato (2009, p. 265) entende que todas as avaliações de desempenho podem ser feitas não só do ponto de vista do desempenho individual, mas também do ponto de vista coletivo, ou seja, como o indivíduo interage com o grupo.

Síntese

O presente capítulo tratou das ferramentas que podem ser utilizadas num processo de avaliação de desempenho, apresentando sua aplicabilidade e algumas sugestões de uso.

O principal objetivo deste capítulo foi descrever de forma simples e objetiva algumas ferramentas que podem ser utilizadas para avaliar o desempenho dentro de uma organização, tornando mais fácil a atividade de acompanhar a evolução dos resultados ao longo do tempo.

Conforme já mencionado, os processos de avaliação de desempenho podem ser úteis em uma série de formas. O processo de avaliação pode e deve ser considerado uma ferramenta para auxiliar os processos de melhoria contínua da organização – melhoras operacionais, melhoras técnicas, de relacionamentos e até de objetivos –, pois todos esses pontos contribuem para o amadurecimento da própria organização.

Chiavenato (2009) também propõe uma série de objetivos intermediários importantes, que são desdobramentos das informações colhidas durante os processos de avaliação e que possibilitam discutir as necessidades de melhora da organização, indo desde o próprio desempenho operacional dos processos organizacionais, passando pelo desempenho profissional do funcionário e estendendo-se a diversos outros assuntos, como melhorias na remuneração, alinhamento da estratégia organizacional com os objetivos de cada área, alinhamento das capacidades individuais com as requeridas pelo cargo, estímulo do autoaperfeiçoamento técnico dos funcionários, entre outros temas, como os benefícios que podem ser gerados por meio da coleta de informações em avaliações de desempenho.

O capítulo também apresentou uma série de sugestões de como se realizar a avaliação de desempenho, destacando as vantagens e os cuidados necessários para sua correta aplicação.

É importante que o leitor consiga compreender cada uma delas, bem como qual a melhor aplicabilidade para cada, e que, além disso, tenha capacidade de combiná-las da melhor forma para obter os melhores resultados.

A seguir será apresentada uma série de exercícios e atividades, com vistas a promover a compreensão dos conteúdos examinados e facilitar o processo mnemônico.

Questões para revisão

1. Relacione os métodos listados a seguir com as informações que melhor identificam cada um:
   a) Método de escalas forçadas
   b) Método de incidentes críticos
   c) Método comparativo
   d) Método de escalas gráficas
   e) Método 360°
   f) Método de autoavaliação
   g) Métodos mistos

   ( ) Une diversos métodos para efetuar uma única avaliação de desempenho.
   ( ) Utiliza situações fora da normalidade para identificar características pessoais muito positivas e muito negativas.
   ( ) O questionário apresenta duas frases positivas e duas frases negativas agrupadas, nas quais o avaliador deve marcar apenas a característica que mais cabe ao avaliado e a que menos cabe.
   ( ) O funcionário realiza sua própria avaliação e a submete a seu superior hierárquico para que este finalize o processo de avaliação.
   ( ) Utiliza todas as pessoas que mantêm contato direto com o avaliado para avaliá-lo.
   ( ) É um método que compara o desempenho de todos os funcionários, montando pares, para entender qual se destaca em determinado quesito.
   ( ) Acompanha os resultados de desempenho ao longo do tempo e utiliza escalas pré-formatadas.

2. Com relação às avaliações realizadas por equipes de trabalho e suas fragilidades, marque V para alternativas verdadeiras e F para as falsas.
   ( ) Durante as avaliações de desempenho por equipes, é preciso que se tome cuidado com o que os participantes falam, para evitar expor desnecessariamente os avaliados a situações vexatórias ou desconfortáveis.

( ) O fato de as reuniões de avaliações de desempenho por equipes serem feitas em grupo previne que processos judiciais sejam abertos contra a organização.

( ) Uma das desvantagens de se realizar um processo de avaliação em equipes é que a participação de todos pode tornar o processo muito lento e extenso.

( ) Tipicamente, uma das dificuldades das avaliações de desempenho por equipes é conseguir conciliar os objetivos do avaliado e do avaliador.

( ) Num processo de avaliações de desempenho por equipes, no qual o avaliado também participa das definições de suas próprias metas, isso o mantém numa posição mais favorável para cobrar da organização e de seus gestores as ferramentas adequadas com o intuito de desempenhar sua função satisfatoriamente.

Agora, assinale a alternativa correta:

a) V, V, V, V, V.
b) V, F, V, V, V.
c) V, F, F, V, V.
d) F, F, V, V, V.

3. As avaliações de desempenho mistas estão se tornando tendências porque conseguem contrabalançar os pontos de vista de quem avalia e de quem é avaliado. Quais questões deveriam permanecer presentes durante tal tipo de avaliação? Explique cada uma delas.

4. Descreva os principais pontos fracos das ferramentas de avaliação de desempenho indicadas a seguir.
   a) Método de escalas forçadas.
   b) Método de incidentes críticos.
   c) Método comparativo.
   d) Método 360°.

5. Com relação aos responsáveis pela avaliação de desempenho, assinale (V) para alternativas verdadeiras e (F) para as falsas.
   ( ) Cada sindicato de categoria trabalhista é responsável por definir quem deve avaliar e quem deve ser avaliado, dentro de todas as organizações.
   ( ) De forma geral, as avaliações seguem o padrão em que o superior hierárquico é avaliado por seu subordinado funcional.
   ( ) A avaliação realizada pelo gerente/gestor é o modelo mais comumente encontrado. Nesse caso, o gestor avalia seus subordinados.
   ( ) O modelo de autoavaliação é atualmente o mais presente nas organizações.

   Agora, assinale a alternativa correta:
   a) V, V, V, V.
   b) V, F, V, V.
   c) F, F, V, F.
   d) F, F, V, V.

Questão para reflexão

1. Divida a sala em dois grupos. Cada grupo deverá escolher uma pessoa para participar de um confronto que simulará uma discussão no escritório de uma empresa multinacional na qual o gerente acusa grosseiramente o funcionário de mau desempenho e este tenta defender-se. Cada grupo deverá também escolher duas pessoas que poderão servir de suporte na discussão. Aqui não há regras, apenas o bom senso imposto pela sua realidade cultural. Ao final da discussão, o professor deverá organizar um debate sobre o que a turma presenciou, discutindo os temas analisados nos capítulos 1, 2 e 3 deste livro.

Para saber mais

O DIABO veste Prada. Direção: David Frankel. EUA: Fox Filmes, 2006. 109 min.

Esse filme apresenta a história de uma jornalista recém-formada em busca de uma oportunidade e de um grande emprego. Por acaso, seu currículo acaba sendo selecionado por uma das maiores revistas de moda. As dificuldades dela começam desde o primeiro contato com sua nova chefe. A divertida comédia mostra como as avaliações de desempenho podem ser carregadas de subjetividade, atrapalhando o desenvolvimento pessoal e profissional dos funcionários. O filme mostra o tremendo esforço que a jornalista precisou fazer para acompanhar a nova chefe e seu estilo impecável de ser.

4 Mercado e tendências

Conteúdos do capítulo

- Tendências de mercado correntes.
- A importância dos treinamentos para avaliar e ser avaliado.

Após o estudo deste capítulo, você será capaz de:

- examinar tendências de mercado na escolha dos métodos de avaliação de desempenho;
- compreender por que é importante manter-se atualizado sobre assuntos de sua profissão;
- compreender a importância de fornecer treinamento adequado aos avaliadores de desempenho;
- compreender o que é *feedback*.

O mercado de trabalho exige constantes mudanças das organizações e de seus administradores para enfrentar as novas demandas da maneira mais arrojada possível. Assim, uma necessidade básica que se percebe no mundo dos negócios é a busca constante pelo aprimoramento profissional.

Santos, Bertoldi e Marques (2012, p. 2) explicam que as atuais mudanças políticas, econômicas, sociais e mercadológicas acontecem muito rapidamente, o que estimula e motiva a transformação de produtos e serviços, porque leva os diferenciais competitivos a deteriorar rapidamente – algo que também é afirmado nas teorias evolutivas da inovação de Joseph A. Schumpeter.

É cada vez mais fácil ver profissionais estudando algum novo idioma, cursando uma nova graduação e fazendo cursos de pós-graduação. Isso é um fato cada vez mais tangível: o mercado brasileiro busca e valoriza profissionais que se atualizam constantemente.

Entretanto, entendemos que muitas consultorias de recursos humanos (RH) não estão dispostas a vasculhar adequadamente o real potencial dos candidatos para buscar o profissional que de fato se enquadra no perfil da vaga, prendendo-se a exigências que nem sempre proporcionarão à organização a melhor qualidade no desempenho do cargo.

Mesmo compreendendo que a busca de profissionais é uma tarefa mais alinhada ao trabalho de *headhunters*[1], observa-se que os profissionais de RH de outros países (como EUA e Canadá) são mais preparados para realizar contratações ideais para os cargos disponíveis, visto que se concentram mais no potencial e no perfil profissional do que em solicitações vagas, como "x anos de experiência no cargo".

---

1 **Headhunters**: O termo se refere a recrutadores especializados em buscar profissionais com um perfil bastante específico, normalmente para ocupar cargos em grandes empresas.

4.1 Mais sobre avaliação de desempenho

As tendências de mercado seguem uma lógica bastante congruente ao redor do mundo e é nesse ponto que a importância acadêmica se evidencia, pois profissionais da administração e áreas correlatas desenvolvem pesquisas de média e longa duração, dedicando-se a avaliar as mais diversas situações e compartilhando seus trabalhos com o resto do mundo em publicações acadêmico-científicas. Isso beneficia não apenas as organizações estudadas, mas também quem as estuda: a população local, outros acadêmicos que estudam assuntos similares. Cria-se, assim, uma rede de contatos internacional.

As pesquisas de avaliação de desempenho focam diversas áreas, as quais são mais ou menos influentes nas pesquisas, considerando-se um mercado tão grande, tão abrangente e cheio de especificidades. Tais pesquisas podem focar desde processos de estruturação da avaliação de desempenho (estudando todo o processo desde o momento em que se decide criar um projeto de avaliação) até a fase de *feedback* e acompanhamento dos funcionários no período de pós-avaliação.

4.2 Novas tendências em avaliação de desempenho

Atualmente, percebe-se que as organizações se fundamentam cada vez mais na avaliação de desempenho como ferramenta de gestão de RH, pois ela proporciona um momento em que todos os funcionários podem conversar com os coordenadores, supervisores, gerentes e diretores sobre seu desempenho, buscando *feedback* e orientações que auxiliem na melhoria de seus resultados profissionais e/ou oriente-os a desenvolver e/ou melhorar aptidões.

Para Chiavenato (2009, p. 265), organizações mais modernas seguem a tendência de apresentar quadros funcionais menos hierarquizados, tornando as organizações mais horizontalizadas, o que pode ser bastante positivo no sentido de aproximar os funcionários. Isso denota que avaliações fortemente estruturadas (que envolvem um estudo mais criterioso desde os mais altos níveis estratégicos, passando pelos níveis táticos e incluindo o operacional) estão se transformando, perdendo a força que já tiveram no passado.

Esse fato ocorre porque as avaliações tendem a se tornar mais qualitativas, já que os avaliados trabalham mais proximamente aos avaliadores. De todas as formas, é impossível evitar completa subjetividade nas avaliações, mas é interessante que, quando as metas forem definidas, os avaliados exijam que estas sejam mensuráveis, eliminando-se a maioria das questões qualitativas da avaliação.

Os dados qualitativos representam valiosos elementos da avaliação de desempenho – seja da equipe, seja do indivíduo –, complementando e aprofundando os fatos que não podem ser contados pelos números. Contudo, tornar as avaliações somente qualitativas dificultaria o trabalho dos profissionais de RH, cuja tarefa de interpretar os dados gerais da organização se tornaria ainda mais complexa e difícil. De qualquer forma, Bader, Bloom e Chang (2000, p. 85) esclarecem que dados qualitativos complementam os dados quantitativos, podendo oferecer informações preciosíssimas durante as sessões de *feedback*.

Chiavenato (2009) explica que há uma tendência de as organizações investirem no desenvolvimento de seus profissionais, estimulando-os a buscar a excelência diária nas atividades profissionais, pois, além de perceberem a necessidade de flexibilizar os processos, também sentem que precisam controlá-los para acompanhar sua evolução e possíveis necessidades futuras. Ou seja, monitorar, além de ser necessário, possibilita à organização saber se os estímulos fornecidos estão guiando seus funcionários para a direção desejada.

Avaliar funcionários e não tomar medidas com base nos dados coletados é um erro. É tarefa dos avaliadores analisar os resultados das avaliações, discutir pontos relevantes com os avaliados e estabelecer um plano de ação para que seja possível obter melhores resultados o quanto antes (Bader; Bloom; Chang, 2000, p. 92).

4.3 Tendências sugeridas por Chiavenato

Segundo os estudos de Idalberto Chiavenato (2009) sobre avaliação de desempenho, algumas tendências podem ser percebidas. São elas:

- indicadores sistêmicos da organização, que permitam à gestão de RH compreender sua organização de modo geral;
- distinção de indicadores para diferentes atividades (premiações, remuneração variável, promoções, entre outras);
- escolha de indicadores por um grupo de pessoas, para evitar escolhas tendenciosas e proporcionar melhor ponderação das informações coletadas;
- indicadores específicos para cada área, como: indicadores para vendedores por quota total em vez de quotas por produtos com diferentes margens de lucro; para clientes, avaliar clientes internos e externos; criação de Acordo de Nível de Serviços – ANS entre áreas (em inglês, chamado de *Service Level Agreement* – SLA); criação de Indicadores-Chaves de Desempenho – ICD (em inglês, *Key Performance Indicator* – KPI); criação de indicadores de inovação que apontem para mudanças no consumo do público-alvo da organização.

Para potencializar a retroalimentação do sistema de desempenho, sugere-se que a avaliação seja abrangente, sendo separada em diferentes focos, como:

- Competências pessoais: capacidade de aprendizagem de novos conteúdos.
- Competências tecnológicas: habilidades técnicas para desenvolver sua atividade profissional, como facilidade de dominar *softwares* e ferramentas necessárias ao melhor desempenho do trabalho.
- Competências metodológicas: capacidade de empreender, mudar, abordar e resolver problemas, multifuncionalmente.
- Competências sociais: capacidade de se relacionar com diferentes pessoas, grupos e hierarquias.

Em termos de avaliação, é interessante que cada gestor e cada funcionário avaliado tenham acesso aos resultados de sua avaliação quando esta for finalizada, pois há uma tendência de comparar os resultados individuais obtidos aos resultados gerais da organização e aos resultados gerais de um grupo ou mais. Isso pode garantir maior imparcialidade para julgar os resultados obtidos, diminuindo a subjetividade da avaliação e tornando-a, assim, mais objetiva. Ou seja, para o indivíduo saber que sua avaliação teve nota 8 é menos interessante do que saber que ela teve uma nota que está entre os 25% melhores resultados da organização, ou acima da média geral de seu grupo de trabalho, ou, ainda, acima da média geral da organização e abaixo da média de seu grupo de trabalho, por exemplo (Chiavenato, 2009, p. 267).

4.4 Treinamento dos avaliadores

Para Shigunov Neto (2000, p. 32), o avaliador é "a principal peça do quebra-cabeça" que representa os processos de avaliação de desempenho, já que é a opinião dele que será efetivamente tomada como palavra final num processo de avaliação. Nesse contexto, é preciso considerar que toda interpretação de fatos, expectativas, metas, objetivos, observações e percepções afeta, indubitavelmente, o parecer final do avaliador sobre o desempenho de algo ou de alguém.

Esse mesmo autor ainda explica que, eventualmente, as organizações podem contratar um consultor externo para realizar os processos de avaliação de desempenho, a fim de tentar manter a imparcialidade nas avaliações; contudo, tal escolha de trabalho também traz um pacote de vantagens e desvantagens.

Shigunov Neto (2000, p. 33) alerta que, sendo o avaliador interno ou externo, é imprescindível que ele tenha um profundo conhecimento teórico e prático do sistema de avaliação adotado pela organização. Como cada organização cria e desenvolve seu próprio programa de avaliação de desempenho e, assim, nunca uma avaliação é absolutamente igual à avaliação de outra empresa, o avaliador externo contratado como consultor também teria de, necessariamente, passar por um treinamento visando compreender os detalhes do processo de avaliação de desempenho da organização que o contratou para realizar tal tarefa – o que pode ser encarado como uma desvantagem.

Em contrapartida, ter um avaliador que é funcionário interno da organização – tipicamente, o supervisor direto – também pode oferecer desvantagens, pela possibilidade de os subordinados hierarquicamente serem expostos a uma avaliação injusta, cheia de pareceres pessoais e subjetivos, sem um caráter efetivamente técnico, sob o efeito halo. Assim, é possível que a organização perca não só em termos financeiros, como também em conhecimentos, experiências e *know-how*, especialmente se a organização desligar o funcionário.

Quando um funcionário não sabe desempenhar sua função, a responsabilidade por ensiná-lo é de seu supervisor, coordenador ou gerente. (Xavier, 2006, p. 46). Mas, quando a pessoa responsável por treinar e avaliar não está preparada para ela mesma realizar sua função, a quem se deve recorrer? Quando se verifica a incapacidade do avaliador, é preciso que o RH intervenha, oferecendo cursos de formação, capacitação e treinamento. Shigunov Neto (2000, p. 41) explica que "o chefe é aquele que ocupa posição estratégica na estrutura organizacional; sua função é orientar e coordenar o trabalho dos funcionários".

As afirmações anteriores são corroboradas pela opinião de Santos, Bertoldi e Marques (2012, p. 7), para os quais a aquisição e o aperfeiçoamento de habilidades apresentam o puro propósito de capacitar e desenvolver esses recursos para que obtenham melhores resultados no futuro. Sendo a avaliação de desempenho uma das principais ferramentas da organização dentro do setor de RH e de estratégia organizacional corporativa, é necessário que os avaliadores de desempenho sejam extremamente bem preparados, treinados, capacitados e orientados a realizar suas atribuições conforme o esperado.

Bortoluzzi, Ensslin e Ensslin (2011) explicam que cada organização tem uma série de metas e objetivos, os quais seguem uma lógica para que desenvolva seus recursos humanos adequadamente com a finalidade de auxiliá-los a concretizar as estratégicas da organização na qual trabalham.

Como fazer quando um gestor despreparado é responsável por avaliar seus subordinados? Não são incomuns casos nos quais o indivíduo está bem preparado tecnicamente e recebe uma promoção, mas então passa a ter de coordenar pessoas e descobre que não tem o perfil para ser gestor ou não deseja trabalhar nessa função. Segundo Xavier (2006, p. 47), pode acontecer de o gestor não perceber corretamente seu papel como responsável por treinar e acompanhar o trabalho de seus funcionários e até mesmo por orientá-los a ponto de fazê-los entender que seu trabalho está satisfatório ou que ainda precisa de melhorias; desse modo, é frequente ter gestores que pensem: "Isso é responsabilidade do RH".

Preparar os avaliadores é uma atividade que envolve bastante planejamento da gestão de RH, com o intuito de criar uma campanha educacional para gestores-avaliadores. Nesse processo, o RH será responsável por formatar como funcionará o processo de avaliação interna, quais ferramentas serão utilizadas, como estas deverão ser utilizadas, quais os períodos em que a avaliação acontecerá, quem deverá avaliar quem, como esses resultados serão interpretados, quais ações deverão ser realizadas antes, durante e depois das avaliações, quais situações deverão ser evitadas, quais resultados deverão ser considerados críticos, qual o papel do avaliador perante determinadas situações, como lidar com avaliados insatisfeitos, entre outros temas importantes que sempre levantam dúvidas.

Camacho (1984), citado por Shigunov Neto (2000, p. 37), discorre sobre a necessidade de se avaliar o trabalho no que diz respeito às características operacionais, no nível da complexidade das tarefas; às variáveis educacionais, aquelas que exigem alguma formação educacional para que seja possível executar as atividades do cargo, como no caso da medicina, da engenharia e da arquitetura; e às variáveis de responsabilidades, aquelas que definem o grau de liberdade e autonomia que o funcionário tem ao realizar suas tarefas.

É verdade que os processos de avaliação de desempenho podem não apenas falhar, como também fracassar completamente. Chiavenato (2009, p. 271) estudou algumas organizações e verificou alguns dos erros recorrentes que levam a avaliação de desempenho ao fracasso. Dentre elas o autor destaca:

- Os padrões de avaliação e desempenho são mal definidos.
- Não se esclarecem metas e objetivos durante o período de início das avaliações – assim, o avaliado não pode perseguir metas que o avaliador julga e julgará adequadas.
- Não se estabelece um pacote de benefícios para os funcionários bem avaliados (dias de férias adicionais, promoção de cargos/ salários, brindes etc.).
- O avaliado não entende bem sua avaliação e não questiona os itens não entendidos (processo de retroalimentação falho).
- O avaliador não enxerga valor na avaliação de desempenho.
- O avaliador não está preparado para avaliar um subordinado ou colega.

- O avaliador não tem informações sobre os resultados de desempenho do avaliado.
- O avaliador mente para o avaliado sobre sua real avaliação, faltando sinceridade e objetividade nos comentários.

Lucena (1992, p. 40) explica que, quando os padrões de avaliação e desempenho estão mal definidos, ou ainda, mal esclarecidos para os funcionários e/ou gestores, os programas de avaliação de desempenho são facilmente transformados em "dia nacional da avaliação e desempenho": os funcionários tratam todo o processo de avaliar seus resultados como se isso ocorresse em uma única data, ignorando, ou escolhendo esquecer, seus erros, tratando os resultados colhidos de modo a fazê-los parecer mais positivos do que realmente são, mostrando falta de capacidade de julgamento, entre outros tipos de comportamentos para os quais os gestores devem estar preparados a fim de responder e esclarecer pontualmente o que é realidade e o que não é.

Novamente, é importante explicar que esse tipo de atividade pode ser emocionalmente desgastante e gerar conflitos internos na organização que antes não existiam ou, pelo menos, não se faziam tão aparentes. Com relação aos objetivos da avaliação de desempenho, frequentemente se encontram gestores que não os conhecem e julgam que um programa de avaliação de desempenho é responsabilidade apenas da área de RH, quando na verdade está principalmente voltado para as áreas de negócio e suporte operacional. Esse tipo de equívoco é bastante presente, tornando-se especialmente evidente quando não há o suporte da alta administração para o programa.

Os indicadores levam a organização a concluir que muitos dos itens previamente mencionados estão diretamente ligados à atuação profissional do avaliador e, portanto, requerem que este esteja devidamente capacitado para ocupar sua posição com alto grau de desenvoltura (Chiavenato, 2009, p. 271). O avaliador deve ser capaz de:

- compreender, descrever e explicar os padrões de avaliação e desempenho definidos pela organização;
- definir e esclarecer detalhadamente as metas e os objetivos de um determinado cargo, função ou indivíduo, garantindo que todos os objetivos e metas sigam os direcionamentos

SMART – S – *Specific* (específico); M – *Measurable* (mensurável); A – *Accurate* (preciso ou acurado); R – *Realistic* (realista); e T – *Time Bound* (limitados no tempo) –, para possibilitar que tanto o funcionário como o avaliador saibam exatamente o que será levado em consideração na avaliação quais os critérios da avaliação e se a meta é real e atingível dentro de determinado período de tempo;
- definir com a organização um pacote de benefícios que esteja relacionado com os resultados obtidos em determinado período – o pacote pode incluir bônus, prêmios, dias de folga extras e remunerados etc.;
- explicar detalhadamente para os avaliados como funciona o processo de avaliação – qual sua importância, para que serve, como o processo de avaliação de desempenho afeta a organização, o avaliador e o avaliado, como todo o processo pode influenciar a organização positiva ou negativamente –, bem como explicar as ferramentas utilizadas durante o processo;
- avaliar o desempenho profissional de um subordinado ou colega de maneira técnica, com veracidade, sinceridade, objetividade e informações reais e precisas, eliminando-se julgamentos subjetivos.

4.5 *Feedback* ou retroalimentação

Feedback é um termo de origem inglesa que não tem uma tradução literal e equivalente em língua portuguesa. A palavra *retroalimentação* é a que talvez mais se aproxime em significado.

Retroalimentação é aquela atividade que gera uma alimentação perene, em forma de ciclo, ou seja, todo insumo fornecido é processado e gera um resultado, que é reutilizado como novo alimento, gerando, assim, um novo processamento e um novo resultado, que, por sua vez, é novamente reutilizado para alimentar o ciclo.

Os itens que compõem um modelo de *feedback* são as entradas, os processos transformatórios, as saídas e o próprio *feedback*.

As entradas (em inglês, *inputs*) são todos os insumos de algum processo. Por exemplo, para fazer um misto-quente, as entradas (ou insumos) seriam duas fatias de pão de forma, queijo, presunto, manteiga e o próprio conhecimento ou *know-how* de quem está preparando o sanduíche.

Os **processos transformatórios** (em inglês, *processes*) podem ser divididos em procedimentos. Alguns se compõem de apenas um procedimento, outros apresentam diversos procedimentos, com uma maior riqueza de detalhes. Os processos são responsáveis por transformar as entradas, sejam processos que resultam diretamente numa saída, sejam aqueles que geram itens de um subprocesso.

No caso do preparo de um misto-quente, as entradas ou insumos precisam ser transformados. Então, os procedimentos da fabricação de um misto-quente poderiam ser, por exemplo, cortar as cascas das fatias de pão, passar a manteiga nas duas fatias de pão, fatiar o queijo e o presunto, colocar as fatias entre os pães e esquentar o sanduíche.

As **saídas** (em inglês, *outputs*) são todos os produtos finais de um processo e seus diversos procedimentos. No caso, toda saída produz algum tipo de *feedback*, que pode ser também, por exemplo: informações para melhorar os fluxos do processo; informações sobre a qualidade dos insumos; informações de que o produto final está acabado; informações de que é possível desligar a linha de produção, de que os funcionários devem ser dispensados pelo dia.

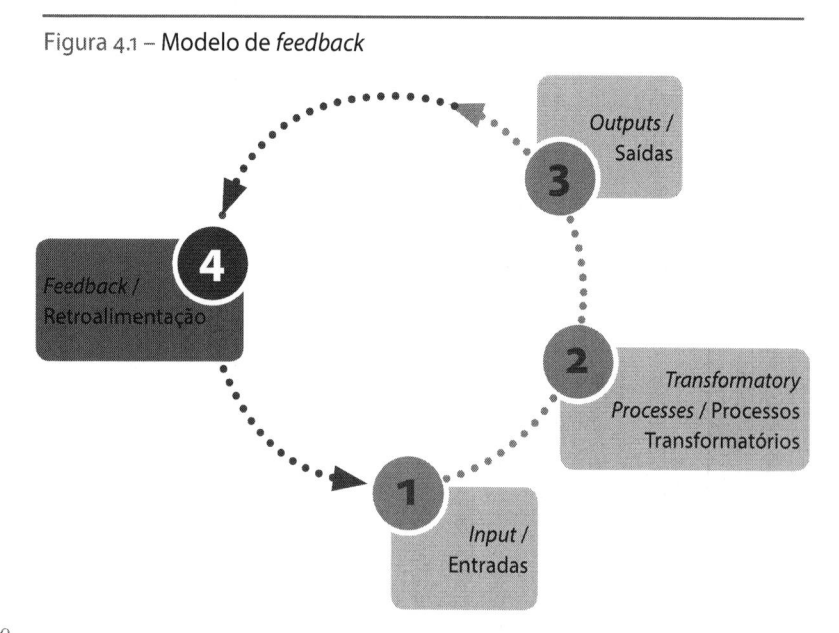

Figura 4.1 – **Modelo de** *feedback*

4.6 O que é *feedback*?

Segundo Moscovici (2011, p. 94-96), a atividade de *feedback* faz parte de um processo administrativo que auxilia e favorece as mudanças de comportamento. Esse processo fundamenta-se necessariamente na comunicação, em que o avaliador fornece informações sobre o desempenho do avaliado, com seus pareceres do que é positivo e do que precisa ser melhorado – de acordo com a autora citada, o *feedback*, quando bem aplicado, fornece ao indivíduo dados primordiais que podem ser utilizados para melhorar seu desempenho. Nesse momento, o avaliado pode perguntar, mas sua opinião não faz parte do processo de *feedback*, que vem do avaliador para o avaliado. Eventualmente, o avaliador pode perguntar ao avaliado questões para elucidar outras questões e finalmente formular seus pareceres.

As avaliações de desempenho têm um grande foco no *feedback*, cujo objetivo é proporcionar aos funcionários uma percepção de como estão desenvolvendo seu trabalho profissional e do que precisa ser melhorado, quais são os pontos falhos, os pontos a serem corrigidos e que necessitam, assim, de desenvolvimento.

Feedbacks podem ocorrer formal ou informalmente, pois, em essência, é todo e qualquer tipo de informação repassada por um superior, colega ou cliente em relação ao trabalho sendo desenvolvido, ou seja, são os elogios, as críticas ou as reclamações.

Sendo positivo ou negativo, o *feedback* deveria ocorrer de maneira formal, de modo que os pareceres fiquem sempre registrados. Seria interessante que o avaliador se preparasse para explicar ao avaliado os pontos que julga necessários, mantendo registros em documentos ou até por *e-mail*. Recomenda-se que a sessão de *feedback* ocorra com hora marcada, que o avaliado possa levar perguntas sobre os temas que julga importantes e que o avaliador paute seus comentários em situações que de fato ocorreram. Contudo, toda percepção ou julgamento de desempenho transmitido ao funcionário pode ser considerado *feedback*.

Moscovici (2011, p. 94-96) descreve que *feedback* é uma das técnicas que precisam necessariamente ser empregadas dentro da organização com vistas a melhorar o clima organizacional, oferecer insumos técnicos para que os funcionários procurem melhorar seu desempenho técnico, assim como para favorecer as condições a fim de que estes alcancem os resultados esperados. A autora ainda lembra que o *feedback* pode abordar um contexto positivo ou negativo e afirma que ambos devem sempre estar presentes nas avaliações, mostrando o que é bom, o que pode ser melhorado e o que é ruim.

4.7 Subjetividade e *feedback*

Entende-se que, durante o momento de conversa de *feedback*, o avaliador deve apresentar a situação para o avaliado, abordar os resultados, explicar os desdobramentos das ações do avaliado (como problemas gerados e prejuízos), bem como quais ações ele, como orientador, teria tomado. Assim, são esclarecidos o problema, os erros e os resultados dos erros, assim como fica evidenciado quanto esses erros oneram a organização ou a equipe e qual seria a tomada de decisão adequada para evitar tal situação.

Xavier (2006, p. 55) e Lima Neto (2010) sugerem que o *feedback* siga o sistema de definições de objetivos chamado SMART. Conforme apresentado na Seção 4.4, SMART é um acrônimo; em inglês, a palavra *smart* significa "esperto", "inteligente". As letras correspondem às qualidades que os objetivos de uma avaliação devem conter:

S – *Specific* (específico)
M – *Measurable* (mensurável)
A – *Accurate* (preciso)
R – *Realistic* (realista)
T – *Time Bound* (limitado no tempo)

Como o processo de *feedback* dentro da organização deve ocorrer em função do trabalho desenvolvido profissionalmente, é necessário que, quando as metas individuais forem definidas, estas sigam as orientações SMART. Caso elas não possam atender às orientações de serem específicas, mensuráveis, atingíveis, reais e com prazo definido, cria-se espaço para um julgamento mais subjetivo, o que certamente pode prejudicar o avaliado quando de suas avaliações. Portanto, na hora de definir metas com o chefe, o funcionário deve cobrar que ele seja muito específico e que explique como as metas serão mensuradas, a fim de que o avaliado não apenas entenda se tais metas são atingíveis e como serão atingidas, mas também verifique se o prazo é adequado.

4.8 O impacto do *feedback* sobre a melhoria do desempenho

Conforme sugerido anteriormente, o *feedback* constitui uma importante ferramenta para a organização como um todo. *Feedbacks* positivos e negativos contribuem para a melhora diária do funcionamento da organização, pois permitem aos avaliados saber em que acertaram e em que erraram. Mais importante que isso, eles podem perceber qual foi exatamente o erro, como deveriam ter procedido, a quem deveriam ter recorrido por suporte e o que podem fazer para consertar o erro cometido.

Moscovici (2011, p. 94-96) explica que as sessões de *feedback* oferecem aos funcionários informações que, em outros momentos, poderiam passar despercebidas, favorecendo as condições para que estes melhorem a autopercepção, conscientizando-se de suas falhas e das necessidades de melhora.

Assim, o *feedback* deve ser utilizado como um incentivo para buscar o autoconhecimento e os aprimoramentos pessoal e técnico, atuando como um meio que proporciona a melhoria contínua do desempenho profissional. Um processo de *feedback* bem conduzido pode levar o funcionário a um melhor comportamento profissional, proporcionando à organização rendimentos melhores – e, aqui, rendimentos não se restringem a ganhos em termos financeiros, abrangendo também ganhos de qualidade, velocidade etc. Novamente, é importante frisar que o *feedback* não deve carregar críticas pessoais, sendo necessário ater-se apenas a aspectos que afetam o desempenho profissional.

4.9 Técnicas de *feedback* de Moscovici

As técnicas de *feedback* são diversas – mas, de fato, não há muito segredo. O que deve ser sempre lembrado é que essa atividade não objetiva simplesmente criticar, pois precisa ser uma observação construtiva e positiva, na qual se comunicam ao indivíduo não apenas os detalhes que precisam ser melhorados sobre seu desempenho, como também os aspectos positivos de seu trabalho.

Primeiramente, os avaliadores devem estar preparados para conversar com os avaliados de maneira aberta, sincera e objetiva. Essa tarefa é algo que consome bastante preparo por parte do avaliador, pois este precisa: estudar o desempenho do avaliado; concatenar os fatos, as situações e os eventos que foram mais importantes; verificar quais quesitos são relevantes para cada item julgado; e decidir qual será a melhor maneira de abordar o funcionário.

É importante que exista um alinhamento de expectativas entre avaliador e avaliado, pois frequentemente este se percebe como um funcionário exemplar. Nesse caso, durante uma avaliação negativa, a reação do avaliado pode ser bastante difícil. Por esse motivo, o avaliador deve ser um habilidoso comunicador, que exponha as situações negativas de modo claro e objetivo, com palavras bem escolhidas, visando evitar transtornos desnecessários.

É interessante que o avaliador exponha os pontos positivos da avaliação logo no início, pois isso ajudará a diminuir as tensões e facilitará o início da conversa. Proporcionar oportunidades para o avaliado interagir também é importante, desde que não se esqueça de que a avaliação tem horário para iniciar e terminar e de que todos os pontos – especialmente os negativos – precisam ser trabalhados em conjunto.

Moscovici (2011, p. 94-96, 276) entende que o avaliador deve escolher bem suas palavras, a fim de não tornar a atividade de *feedback* agressiva, e que é necessário que seu conteúdo contribua para o desenvolvimento profissional e pessoal, sugerindo que, quando for preciso realizar uma crítica que talvez seja interpretada como agressiva, o avaliador a faça de modo descritivo. Por exemplo, em vez de dizer que o funcionário é controlador, pode-se descrever um dos acontecimentos no qual ele foi autoritário, evidenciando os fatos para que o avaliado perceba seu comportamento, diminuindo as chances de se sentir atacado.

Nesse tocante, é importante perceber como o processo de avaliação deve ser bem desenhado e como a parceria dos gestores avaliadores com o setor de RH é importante – pois não há como avaliar um funcionário e dar um *feedback* adequadamente sem que os objetivos esperados do funcionário em questão tenham sido previamente descritos, em detalhes e com a maior especificidade possível.

4.10 Gestão de desempenho inadequado

Sempre que for possível identificar um funcionário ou até mesmo um grupo de funcionários com resultados de desempenho inadequados – ou seja, que estão aquém do esperado –, é preciso que a organização se prepare para gerir esse cenário de modo adequado. Idealmente, indica-se que a organização procure reverter a situação (por exemplo, realizando treinamentos e *workshops* ou mesmo com a transferência de cargo e/ou função), que trabalhe numa estratégia de motivação e que, em relação a alguns fatos em casos isolados, reveja minuciosamente as expectativas da organização (Bohlander; Snell, 2010, p. 332).

Quando se avaliam as razões geradoras de desempenho inadequado, frequentemente aparece a falta de motivação para desempenhar ou realizar uma tarefa. Segundo Shigunov Neto (2000, p. 27), o que realmente importa no quesito *motivação* é que ela pode ser a inspiração que desencadeia reações nos indivíduos, despertando não apenas a vontade de realizar algo, como também o interesse por determinado assunto, pessoa, situação, entre outros.

O assunto *motivação* sempre traz discussões interessantes dentro das organizações, que buscam compreender quais são os motivos que realmente inspiram e provocam mudanças em seus funcionários. Shigunov Neto (2000, p. 95) ainda explica que a motivação encerra um forte caráter de subjetividade, podendo gerar respostas tanto favoráveis como desfavoráveis, de modo que pode ser utilizada como uma ferramenta para melhorar o desempenho e o comportamento dentro das organizações. Esse autor explica ainda que, frequentemente, a motivação é confundida dentro das organizações com recompensas materiais, psicológicas e/ou financeiras.

Ainda no tocante à motivação, Bader, Bloom e Chang (2000, p. 20) evidenciam que a maior parte das pessoas tem curiosidade em saber como está o seu desempenho profissional, mencionando que ocorre grande frustação e desânimo quando os gestores não fornecem *feedback* ou fornecem *feedbacks* inespecíficos e insuficientes, fazendo com que tais recursos humanos não consigam perceber os reais motivos para desempenhar suas atividades profissionais da melhor forma possível. Esses mesmos autores explicam que criar um programa de avaliação de desempenho é importante porque auxilia a mitigar as falhas nos processos de *feedback*, assim como garante a formalização e evidencia os resultados de desempenho de cada funcionário, apontando falhas e pontos que necessitem de melhora. Entretanto, as avaliações sempre envolvem pessoas, sendo preciso, portanto, compreender que há uma complexidade inerente ao assunto. Isso reforça a questão de haver um processo de avaliação de desempenho formal, pois ele auxilia o funcionário a compreender seu papel dentro da organização e o que é esperado dele – inclusive de seu comportamento –, garantindo que se sinta estimulado e comprometido com a organização, o que previne contra maus comportamentos e eventuais demissões.

> O comportamento individual humano é um fenômeno interessante e complicado, que está no âmago de muitos problemas e sucessos de produtividade. As máquinas e outros equipamentos de capital desempenham um papel, mas as pessoas que o operam fazem a diferença entre o sucesso e o fracasso. A produtividade não é uma questão mecânica, mas uma questão de pessoas, envolvendo a psicologia do comportamento humano. (Connellan, 1984, p. 103, citado por Shigunov Neto, 2000, p. 26)

É importante lembrar que demissões, por mais simples que pareçam, são onerosas para a organização. Além disso, repor um funcionário pode demorar, e, por mais preparado que esse recurso seja, ele ainda terá de enfrentar uma curva de aprendizado. Mesmo que apresente um desempenho inadequado, o funcionário já conhece a organização, o cargo e a função que exerce, sendo mais interessante corrigir o que não é adequado do que ter de treinar um novo recurso – além do quesito custo, não abordado aqui.

De todo modo, é preciso haver um quadro de funcionários no setor de RH bem preparado tecnicamente para se adiantar nesse quesito e mostrar aos gestores uma série de opções capazes de solucionar os diversos tipos de desempenho inadequado. Novamente, é possível observar a relevância dos documentos que descrevem as funções e metas de cada cargo.

4.10.1 Métodos para avaliar o desempenho comprometido

Xavier (2006, p. 62) explica que, quando os funcionários apresentam desempenho comprometido, é possível utilizar os seguintes métodos para avaliá-los:

- método comparativo;
- método produtividade × metas;
- método desempenho × potencial;
- método desempenho × padrão;
- retorno sobre o investimento.

O **método comparativo** sugere que o desempenho dos funcionários seja comparado par a par com relação a um único determinado quesito. O **método produtividade × metas** sugere a avaliação da produtividade real atingida contra a produtividade esperada. Já o **método desempenho × potencial** sugere a comparação entre o desempenho real atingido e o desempenho esperado em relação ao potencial percebido do funcionário. O **método desempenho × padrão**, por sua vez, sugere a comparação do desempenho real atingido em relação ao desempenho-padrão da organização, do grupo ou das pessoas do mesmo cargo/ocupação. Por fim, o **método retorno sobre o investimento** realiza uma análise matemática de quanto o profissional consegue produzir e agregar à organização em termos financeiros e de quanto ele custa para a organização, incluindo todos os gastos que esta tem com ele (salários, benefícios, impostos, encargos, programas da organização como incentivo a estudos, gasto com estacionamento, entre outros). Xavier (2006, p. 62) adverte que esses métodos não devem ser utilizados isoladamente, pois fornecem poucos subsídios para uma avaliação completa.

Novamente, é preciso relacionar as avaliações, as oportunidades e as possíveis recompensas percebidas. Nesse contexto, é importante que os programas de avaliação de desempenho reforcem as possíveis recompensas para os funcionários – benefícios financeiros, dias de folga, premiações, possíveis promoções, entre outras.

4.11 Recompensas

Shigunov Neto (2000, p. 46) entende que as recompensas constituem a contrapartida fornecida pelas organizações para os funcionários ou recursos humanos que prestam serviços em função dos objetivos organizacionais.

Para esse autor, as recompensas podem ser divididas em **tangíveis** e **intangíveis**. As tangíveis são as que têm um caráter material, como salário, bens materiais e novos computadores; as intangíveis podem ser consideradas recompensas psicológicas, capazes de gerar profundas e complexas reações nos funcionários, como elogios, incentivos, compreensão, suporte, carinho, afeto, benefícios sociais ligados ao cargo ocupado (como estacionamento para gerentes, prêmios – como brindes, vale-livro, vale-CD e participação nos lucros da empresa e ações.)

Bader, Bloom e Chang (2000, p. 19) afirmam que muitas organizações recompensam e remuneram seus funcionários em função do desempenho, apontando novamente a importância de registrar e esclarecer exatamente para todos os colaboradores como os resultados obtidos nas avaliações serão mensurados e como o desempenho do grupo afetará o individual.

Shigunov Neto (2000, p. 48) explica que as organizações seguem, em geral, a tendência de aumentar os benefícios oferecidos aos seus funcionários em vez de aumentar os salários. Sobre isso, é importante reforçar que, no mercado brasileiro, é mais interessante para as organizações aumentar os benefícios oferecidos do que os salários, já que um aumento de salários efetivo gera um aumento de custos com impostos e encargos. Portanto, trata-se também de uma estratégia de contenção financeira de custos que, de outra forma, impactaria diretamente os resultados das organizações.

Síntese

O presente capítulo versou sobre o mercado de trabalho e as atuais tendências da avaliação de desempenho profissional.

As tendências da avaliação de desempenho descritas foram fundamentadas nas ideias de Chiavenato (2009). Uma das principais colocações é a de que o mercado de trabalho (ou a "mão invisível do mercado", de Adam Smith) impõe que a força de trabalho mundial se atualize continuamente, de forma a garantir que os funcionários conheçam as novas tecnologias e acompanhem a evolução e as inovações que ocorrem no mundo dos negócios, tudo isso visando garantir um diferencial competitivo para as organizações – e, no caso de profissionais, maior empregabilidade.

Para garantir a empregabilidade, uma das principais ferramentas é a avaliação de desempenho, mostrando que sua principal função consiste em garantir que sejam ressaltados os pontos positivos e os pontos negativos que precisam ser melhorados – conforme já explorado também em capítulos anteriores.

Uma das principais questões abordadas neste capítulo é a crescente postura das organizações de considerarem avaliadores e avaliados como parceiros, visto que os resultados colhidos tendem a ser melhores quando ambos participam ativamente. Além disso, conversar de modo aberto com os avaliados sobre os resultados da avaliação, expondo detalhes da interpretação da avaliação, é extremamente necessário e benéfico, pois é o momento em que eventuais dúvidas podem ser esclarecidas.

Há também uma forte atuação do setor de RH no tocante ao treinamento dos avaliadores e até mesmo dos avaliados, de forma que todos entendam a importância dos processos avaliativos da organização, quais são seus objetivos, como funciona o processo e assim por diante.

A chave para melhorar as probabilidades de sucesso de uma avaliação de desempenho está ligada a uma estrutura de avaliação bem desenhada e fortemente articulada, com padrões bem definidos. É necessário que fiquem claramente estabelecidos os objetivos de cada ponto avaliado e que seja feita uma descrição detalhada de como será a avaliação. Quando essa estrutura está bem desenhada, o processo de avaliação se torna mais prático, pois todos conseguem entendê-lo mais facilmente, mitigando os desentendimentos.

Outros fatores importantes são a sinceridade e a objetividade. O avaliador deve apresentar uma postura sincera sobre os problemas, sendo objetivo, ou seja, falando sobre temas que envolvem o trabalho e sobre medidas possíveis para corrigir ou melhorar algo. Entretanto, fatos que fogem do seu controle não devem fazer parte da avaliação. Isso tudo deve ser apresentado em uma reunião de *feedback*, ausente de conteúdos subjetivos, havendo formalidade, data e hora marcada, pauta definida e objetivos claros, com base nos quais o avaliador explicará toda a avaliação para o avaliado, procurando esclarecer o que foi ruim, o que precisa ser corrigido e como fazê-lo, de forma que todos os itens sejam registrados para posterior conferência.

A seguir será apresentada uma série de exercícios e atividades, com vistas a promover a compreensão dos conteúdos examinados e facilitar o processo mnemônico.

Questões para revisão

1. Na sua opinião, quais aspectos levam o mercado de trabalho brasileiro a valorizar mais os profissionais que buscam atualizar-se?

2. Sobre *feedback*, assinale (V) para as alternativas verdadeiras e (F) para as falsas. Justifique cada resposta de acordo com seu ponto de vista.
   ( ) Podemos considerar uma conversa de elevador entre o chefe e o subordinado sobre o desempenho desse mesmo funcionário como uma sessão de *feedback*.
   ( ) Uma sessão de *feedback* deve ocorrer, preferencialmente, com pauta, data e hora marcada, apresentando um tom formal.
   ( ) Nenhuma sessão de *feedback* deve ser registrada formalmente.
   ( ) Opiniões de assuntos não relacionados ao trabalho podem ser consideradas *feedback* profissional formal.

   Agora, assinale a alternativa correta:
   a) F, V, F, F.
   b) F, F, F, F.
   c) V, V, F, F.
   d) F, V, F, V.

3. Sobre as afirmativas a seguir, assinale (V) para as verdadeiras e (F) para as falsas.
   ( ) Um dos benefícios das organizações com quadros funcionais mais horizontalizados é que há uma aproximação maior dos funcionários.
   ( ) Um outro benefício das organizações com quadros funcionais mais horizontalizados é que elas tendem a ter avaliações de desempenho mais estruturadas, pois é mais fácil avaliar profundamente todos os níveis hierárquicos.
   ( ) Há indícios de que as organizações estão formando quadros funcionais mais horizontalizados, com menos níveis hierárquicos.
   ( ) Em organizações mais horizontalizadas, há uma tendência de haver definições de metas com maior grau de subjetividade, em razão da maior proximidade com que trabalham os níveis hierárquicos.

   Agora, assinale a alternativa correta:
   a) F, F, F, F.
   b) V, V, V, V.
   c) V, V, F, V.
   d) F, V, V, V.

4. Sobre as afirmativas a seguir, assinale (V) para as verdadeiras e (F) para as falsas.
   ( ) As avaliações de desempenho devem sempre carregar um fator qualitativo, pois os dados quantitativos por si sós não permitem aprofundar os conhecimentos dos fatos.
   ( ) Uma avaliação puramente qualitativa dificultaria muito a avaliação de desempenho.
   ( ) Os dados qualitativos atrapalham a avaliação de desempenho, por isso devem ser eliminados de todas as avaliações.
   ( ) Com relação aos processos de avaliação e *feedback*, monitorar é uma atividade necessária e proporciona à organização saber se os estímulos fornecidos estão guiando seus funcionários para a direção desejada.

Agora, assinale a alternativa correta:

a) V, V, V, V.
b) V, V, V, F.
c) F, V, V, V.
d) V, V, F, V.

5. Ainda sobre avaliação de desempenho, assinale (V) para as afirmativas verdadeiras e (F) para as falsas.

( ) Avaliar funcionários e não desenvolver ações sobre os dados encontrados é um erro.
( ) É tarefa dos gestores analisar os resultados das avaliações.
( ) É tarefa dos gestores discutir com os avaliados os resultados das avaliações de acordo com seu ponto de vista.
( ) É tarefa dos gestores traçar um plano de ação para que os avaliados obtenham melhores resultados em oportunidades futuras.

Agora, assinale a alternativa correta:

a) V, V, V ,V.
b) V, F, V, V.
c) V, V, F, V.
d) F, V, V, V.

6. Desenhe um quadro, em que se comparem avaliações de desempenho unicamente qualitativas e unicamente quantitativas quanto às suas principais características, ressaltando os pontos positivos e negativos de cada uma.

Características	Qualitativas	Quantitativas

Questão para reflexão

1. Em uma organização multinacional, LP é o analista júnior e MJ o responsável por importar peças para fornecê-las a assistências técnicas do país inteiro. Como essas peças são importadas, os carregamentos levam, no mínimo, seis meses para chegar da China até o Brasil – isso quando não são barrados no porto ou quando não há greves. JK, o novo gerente da área, entende que os resultados dos estoques são insatisfatórios, visto que sempre há peças faltando, deixando a fábrica desabastecida.

   LP informou que os pedidos têm sido realizados conforme o cronograma da empresa, mas que o problema está no fabricante chinês, que frequentemente envia peças erradas. As assistências técnicas que necessitam das peças para realizar o trabalho de garantia continuam a reclamar periodicamente em virtude do desabastecimento.

   Embora LP tenha trabalhado durante noites e finais de semana para resolver a situação, o problema persiste. Contudo, JK não está interessado nas explicações dadas, pois o problema de estoque não foi resolvido. Perante o cenário proposto, JK afirma que MJ não está fazendo o seu trabalho.

   Dada a situação conflitante, avalie a situação em dois momentos: no primeiro, assumindo o papel de LP e, no segundo, o papel de JK. O quadro a seguir sugere alguns quesitos a serem levados em conta ao analisar o problema, e você também pode incluir novos itens na lista de análise. Após completá-lo, procure confrontar as conclusões tiradas em cada tópico, discutindo a situação proposta. O objetivo é criar uma situação mais harmônica entre as partes e não piorar a situação. Por fim, monte uma apresentação de sua análise com propostas para solucionar o problema.

Quadro A – Análise de desempenho

Análise do desempenho	Ponto de vista do analista júnior (LP)	Ponto de vista do novo gerente (JK)
Causas do problema		
Desdobramentos do problema		
Como está analisando o problema		
Sugestões para resolver o problema		
Feedback da situação		
Feedback com relação ao analista júnior		
Feedback com relação ao novo gerente		
Soluções para resolver o problema		

Para saber mais

KINKY Boots: fábrica dos sonhos. Direção: Julian Jarrold. Inglaterra: Miramax Films/ Buena Vista International, 2005. 107 min.

 Esse filme conta a história da família Price, dona de uma fábrica de sapatos clássicos masculinos que por décadas ignorou a evolução e as inovações do mercado, levando a organização à beira da falência. Numa tentativa desesperada de salvar os negócios da família, assim como os empregos de seus fiéis funcionários, o dono da fábrica contrata Lola, uma *drag queen* que conheceu por acaso, apostando em sua criatividade e tino para compreender a beleza e o desejo dos consumidores de sapatos femininos. As criações de Lola levam a empresa novamente aos holofotes, salvando os negócios da família e tornando a empresa uma nova referência em moda para sapatos femininos. O filme demonstra a necessidade de saber avaliar o desempenho dos negócios, tornando perceptível como é importante para uma organização acompanhar a evolução do mercado.

Estudo de caso[1]

Este estudo foi realizado na empresa Nova Era Alimentos, agroindústria pertencente a uma grande região produtora de arroz localizada na Região Sul do Rio Grande do Sul. O segmento econômico de beneficiamento de arroz foi escolhido por ser de grande representatividade para a economia do estado (cerca de 48% da produção do país) e pela demanda de estudos sobre a avaliação de desempenho empresarial no agronegócio brasileiro.

A Nova Era Alimentos, cujas atividades iniciaram em 1983, é hoje uma das maiores empresas do sul do país, além de apresentar a maior diversificação no segmento de arroz e ser líder no mercado brasileiro de arroz parboilizado. A empresa atua tanto no mercado de *commodities* como no de produtos diferenciados. Sendo assim, a Nova Era Alimentos adotou como estratégias a ampliação de seu parque industrial, o direcionamento de suas atividades para produtos de maior valor agregado e o aumento do seu portfólio com o intuito de fortalecer sua marca no mercado.

A Nova Era Alimentos dispõe de três plantas industriais com capacidade instalada para produzir 700 mil fardos por ano, sendo que a produção atual gira em torno de 500 mil fardos. Os produtos que apresentam maior volume de vendas são o arroz branco e o parboilizado, porém a empresa vem investindo continuamente em produtos diferenciados como arroz orgânico e integral, óleos, azeite de oliva, feijões, lentilha, ervilha, além de uma extensa linha de produtos especiais, constituída por variedades exóticas de arroz e produtos de preparo rápido, como a feijoada pronta e arroz instantâneo em vários sabores.

Segundo os padrões oficiais do Banco Nacional de Desenvolvimento Econômico e Social (BNDES), a empresa pode ser classificada como *grande porte*, pois seu faturamento anual é superior a R$ 45 milhões.

Sob a missão de "ousar, inovar e criar alimentos diferenciados, oferecendo prazer e praticidade aos nossos clientes" e os princípios "pensar como o cliente, estimular o desenvolvimento das pessoas, lucro com base de crescimento, credibilidade e respeito ao meio ambiente", a empresa realiza seu planejamento estratégico a cada cinco anos, quando são definidos os principais objetivos e metas a serem alcançados. De acordo

---

[1] Adaptado de Cánepa e Ludwig (2002).

com o planejamento, é feito um orçamento anual que é subdividido nas seguintes áreas da empresa: vendas, suprimentos, administração, recursos humanos, *marketing*, transporte e indústrias. Por meio de indicadores, a empresa faz o acompanhamento do desempenho mensal de todas as áreas baseando-se na média dos resultados do ano anterior.

Os indicadores para a avaliação de desempenho são gerados nas diversas áreas da empresa, que dispõem de um responsável pela organização dos dados coletados por meio de um sistema de informações gerencial. Os resultados são enviados ao controlador, que centraliza as informações de todas as áreas em questão e apresenta-as mensalmente à alta administração. Esta, por sua vez, avalia e discute os problemas a fim de encontrar soluções adequadas.

Por meio de planilhas fornecidas pela empresa, obtiveram-se os indicadores de desempenho empregados em cada área da Nova Era Alimentos. Cada uma dessas áreas dispõe de um responsável pela medição mensal desses indicadores. Na área de vendas, os indicadores servem para avaliar a inadimplência dos clientes, o preço médio de venda dos produtos no mercado, o tempo médio de recebimento pelos produtos vendidos, as despesas mensais e anuais do setor e as comissões pagas aos representantes.

Já os indicadores utilizados na área de suprimentos objetivam controlar o custo médio da matéria-prima, os prazos de entrega e pagamento desses insumos, o percentual de compras intermediadas por corretores e a qualidade da matéria-prima com base no percentual de grãos inteiros em amostras de 250 g relativas ao carregamento de determinado fornecedor. Os indicadores utilizados na área de administração são basicamente os financeiros tradicionais (fechamento de balancete, faturamento, liquidez corrente, liquidez geral, rentabilidade, lucratividade, endividamento, capitalização, grau de imobilização e margem de contribuição).

Para avaliar o desempenho na área de recursos humanos, a empresa contabiliza os custos com pessoal de acordo com o orçamento previsto, controla o absenteísmo, a taxa de *turn over* dos funcionários, o número de horas gastos com treinamento por funcionário, o número de acidentes de trabalho, o índice de horas extras e a aderência desse setor ao orçamento.

A área de *marketing* da empresa emprega os seguintes indicadores: o valor gasto com *marketing* por fardo, a aderência do setor ao orçamento e o percentual de faturamento dos produtos diferenciados em relação ao faturamento bruto. Além disso, a empresa faz o acompanhamento da sua participação no mercado por meio dos dados fornecidos pelo Instituto Nielsen.

A avaliação de desempenho das indústrias é feita separadamente para cada uma das três plantas industriais, utilizando-se para todas elas os mesmos indicadores: a produção em relação à capacidade instalada da fábrica, o carregamento proporcional a essa produção, o rendimento industrial da matéria-prima, a quantidade de sucata plástica gerada no empacotamento dos produtos, a rejeição relacionada à devolução por defeitos industriais em relação ao total produzido e a produtividade medida em fardos/hora/homem.

Por dispor de uma frota própria de caminhões, há também a área de transportes que avalia se esse setor está tendo um desempenho coerente com o de empresas especializadas nessa atividade. Os itens como comissões dos motoristas e custo do quilômetro rodado são controlados em função de um faturamento hipotético (valor que seria pago ao serviço terceirizado). A empresa também contabiliza os custos com manutenção, lubrificantes e combustíveis. Além disso, são medidas a tonelagem bruta e a quilometragem total do período. Descontando todos os custos do faturamento hipotético, chega-se a um ganho hipotético, que indica como o setor está indo.

Depois de efetuado o levantamento dos indicadores de desempenho gerencial, utilizados pela Nova Era Alimentos e pela observação dos dados das planilhas, alguns resultados sobressaem. Existe predominância dos indicadores financeiros, e a empresa ainda recorre pouco a indicadores não financeiros para fazer a avaliação do seu desempenho. Constata-se também que esses indicadores estão pouco voltados à missão da empresa. A discussão dos indicadores de desempenho feita a seguir foi baseada nas quatro perspectivas abordadas no sistema de medição de desempenho do *balanced scorecard*.

Segundo a perspectiva financeira, a empresa deveria considerar, além dos medidores financeiros tradicionais contemplados principalmente na área administrativa da Nova Era Alimentos, indicadores do potencial de crescimento da empresa e de seu posicionamento competitivo, tendo assim uma avaliação do desempenho com uma visão voltada para o futuro.

A perspectiva dos clientes é uma preocupação fundamental para o sucesso da empresa, que deve focar a demanda de mercado, ou seja, voltar-se para as expectativas e os anseios do cliente. No caso da Nova Era Alimentos, a empresa controla a sua participação do mercado por meio do Instituto Nielsen e o prazo médio de recebimento (dias para atender a um pedido). Porém, fatores como satisfação dos clientes e relacionamento entre empresa e cliente, assim como a taxa de retenção de clientes e a reputação no mercado não são medidos.

Na perspectiva dos processos internos, deveria ser medida com maior profundidade a qualidade dos produtos e serviços pós-venda. Os indicadores não financeiros existentes são a qualidade da matéria-prima (arrozes branco e parboilizado), que está associada à taxa de defeito dos produtos e os prazos de entrada e pagamento de suprimentos. Também seria importante que a empresa introduzisse, em seu conjunto de indicadores, uma preocupação com a pesquisa e o desenvolvimento de produtos.

Na perspectiva de aprendizado e crescimento, a empresa apresentou o maior número de indicadores não financeiros, cujos itens são: produtividade e horas de treinamento dos funcionários; número de acidentes de trabalho; taxas de *turn over* e de abstenção.

Contudo, mesmo assim, a empresa poderia utilizar indicadores que medissem de maneira mais ampla a capacitação e a motivação dos funcionários, assim como os trabalhos realizados em equipe e os eventos sociais. Outro fator de extrema importância nessa perspectiva é a capacidade de inovação, que é de suma importância para o crescimento da empresa. Como foi indicado anteriormente, a missão da Nova Era Alimentos está baseada na inovação e na diferenciação, a fim de oferecer prazer e praticidade aos clientes – assim, os indicadores de desempenho da estratégia deveriam contemplar esses critérios. No entanto, nota-se a ausência de indicadores voltados para a inovação, sendo necessária a criação de itens relacionados a esse quesito.

Para concluir...

É muito interessante perceber que os processos de avaliação de desempenho servem como ferramentas e elementos responsáveis por integrar as práticas da gestão de recursos humanos. Como definido por Snell e Bohlander (2010, p. 333), tais propósitos podem ser separados em administrativos e de desenvolvimento: a esfera administrativa inclui informações sobre quem deverá ser promovido, transferido, treinado ou demitido, e a esfera de desenvolvimento inclui a busca de aperfeiçoamento, aquisição de novos conhecimentos, identificação de pontos fracos que precisam ser desenvolvidos e levantamento de necessidades de treinamento.

A avaliação de desempenho permite que múltiplas tarefas do setor de recursos humanos (RH) ocorram conjuntamente com a avaliação, como: permitir à organização monitorar o perfil dos funcionários que nela trabalham, fornecendo informações sobre sua necessidade para recrutar pessoas com perfis que complementem seu quadro funcional; verificar qual a adequação (em porcentagem) dos funcionários em relação aos perfis exigidos pelos cargos ocupados; enumerar quais as necessidades de desenvolvimento dos funcionários e da própria organização (Chiavenato, 2010).

É importante lembrar que dificilmente a organização poderá ter os melhores resultados se seus recursos humanos não desempenharem suas funções de acordo com o esperado. Ou seja, para ser uma organização de desempenho excelente, seus funcionários deverão, necessariamente, apresentar desempenho excelente. Não é factível existir uma organização com esse nível de desempenho se todos os seus funcionários tiverem desempenho insuficiente. Por esse motivo, a avaliação de desempenho se faz necessária não somente para constar que houve uma avaliação formal, mas para garantir que todos são monitorados adequadamente, recebendo *feedback* adequado, claro, específico e imparcial, de maneira periódica.

De fato, ao longo de 360 dias, com todos os acontecimentos diários e seus detalhes específicos, uma avaliação anual seria insuficiente para captar todos os aspectos que ocorrem durante o ano. Idealmente, as avaliações formais deveriam ocorrer pelo menos quatro vezes ao ano, pois assim seria possível aos gerentes acompanhar mais de perto os êxitos e fracassos obtidos em cada período. Quanto mais avaliações, mais informações são obtidas sobre o desempenho de um funcionário e mais fácil é para o gestor guiá-lo para o sucesso.

Com relação à utilização de indicadores para avaliação de desempenho, é interessante que a organização empregue diversos tipos de indicadores simultaneamente, pois cada ferramenta avalia um tipo de informação de modo único, e cada avaliador tem uma perspectiva singular.

Dessa forma, utilizando vários tipos de ferramentas, os avaliadores garantem que o funcionário seja avaliado sob diferentes perspectivas, o que garante que diversos itens sejam levados em consideração, de forma a valorizar o perfil do indivíduo. É interessante também haver sempre mais de um avaliador, pois isso garante maior imparcialidade nos resultados.

Pode-se dizer que a avaliação 360° é a mais adequada para avaliar o desempenho de um funcionário de maneira integral, sendo preciso, contudo, que exista um grande preparo da organização para garantir que a avaliação ocorra adequadamente, julgando critérios adequados e oportunos. Por exemplo, como pode um funcionário julgar o desempenho profissional do colega se eles não desenvolvem atividades de trabalho juntos?

É importante que todas as avaliações tenham parâmetros bem definidos, de modo a evidenciar quais aspectos estão sendo mensurados. Sempre que possível, é interessante que os critérios de avaliação sejam menos qualitativos e mais quantitativos, diminuindo-se, assim, a subjetividade de julgamento. Segundo Bader, Bloom e Chang (2000, p. 45), avaliações quantitativas permitem que os dados da avaliação sejam facilmente comparados, de modo que avaliador e avaliado compreendam a situação atual tendo em vista situações anteriores. Desse modo, poderão não só fazer previsões para o futuro próximo, mas também comparar o resultado à média da equipe ou da organização, o que lhes fornecerá outros parâmetros de comparação.

Com relação às escalas sugeridas no texto, parece oportuno provocar o raciocínio dos leitores de modo a fazê-los realmente entender o motivo de estarem mensurando algo. Por exemplo, se desejam compreender o nível de satisfação de atendimento, a escala proposta deve ter um número par de respostas possíveis, pois, caso apresente um número ímpar, os participantes podem marcar a coluna do meio, não informando, assim, se o resultado é mais positivo ou negativo.

De todo modo, avaliar o desempenho alheio é algo bastante complexo, podendo tornar-se, até mesmo, excessivamente subjetivo. Portanto, na atividade de planejamento da avaliação deve haver a preocupação em definir e detalhar minuciosamente os critérios a serem avaliados, visto que, em se tratando de uma avaliação técnica e profissional, os critérios de conhecimentos técnicos para o cargo ou função devem ser levados em consideração. Dessa forma, a pessoa que prepara a avaliação deve ter conhecimento técnico do cargo e ser capaz de criar uma avaliação adequada, a fim de garantir que avaliador e avaliado tenham clareza sobre o processo. Tal cuidado no preparo de uma avaliação profissional assegura que suas vulnerabilidades sejam minimizadas e, com isso, garante-se que a consequente aplicação de ferramentas de mensuração será algo muito prático e objetivo.

Espera-se que os leitores não se atenham apenas a este livro, visto que o material aqui contido é apenas uma fração ínfima do universo que envolve as avaliações de desempenho. Quanto à percepção dos autores sobre esse aspecto, enfatiza-se que os maiores aprendizados ocorrem em momentos de solidão e silêncio absoluto, nos quais se lê, se anota e se estabelecem inter-relações entre os temas estudados. Fica esta pequena contribuição para os que buscam estudar e ir sempre um pouco além do aprender momentâneo.

Os autores finalizam esta obra conhecendo um pouco mais sobre avaliação de desempenho e tendo o prazer de dividir com o leitor alguns pensamentos mais polêmicos sobre alguns temas aqui abordados, na intenção de provocar discussões proveitosas na área.

Referências

ALMEIDA, M. I. R. de; TEIXEIRA, M. L. M.; MARTINELLI, D. P. Por que administrar estrategicamente recursos humanos? **RAE – Revista de Administração de Empresas**, São Paulo, v. 33, n. 2, mar./abr. 1993. Disponível em: <http://rae.fgv.br/rae/vol33-num2-1993>. Acesso em: 27 nov. 2013.

ALMEIDA, S.; MARÇAL, R. F. M.; KOVALESKI, J. L. In: ENCONTRO NACIONAL DE ENGENHARIA DE PRODUÇÃO, 24., 2004, Florianópolis. **Anais**... Florianópolis: Enegep, 2004. Disponível em: <http://www.administracaovirtual.com/financas/downloads/apostilas/2/BSC_2.pdf>. Acesso em: 27 nov. 2013.

APPLE INC. **Dicionário**. versão 2.2.1. Cupertino, Ca, 2011. Software (143.1).

AND – Associação Nacional de Dislexia. **Sinais comuns de dislexia**. Disponível em: <http://www.andislexia.org.br>. Acesso em: 24 jul. 2014.

BADER, G. E.; BLOOM, A. E.; CHANG, R. Y. **Avaliando o desempenho das equipes**. Tradução de Eduardo Lasserre. São Paulo: Futura, 2000.

BECKER, B.; HUSELID, M.; ULRICH, D. **Gestão estratégica de pessoas com "scorecard"**: interligando pessoas, estratégias e performance. Tradução de Eduardo Lasserre. Rio de Janeiro: Campus, 2000.

BOHLANDER, G.; SNELL, S. **Administração de recursos humanos**. São Paulo: Cengage Learning, 2010.

BORTOLUZZI, S. C.; ENSSLIN, S. L.; ENSSLIN, L. Metodologia multicritério para avaliação de desempenho da gestão de uma empresa familiar. **Gepros**, Bauru, ano 6, v. 8, n. 3, p. 109-127, jul./set. 2011. Disponível em: <http://revista.feb.unesp.br/index.php/gepros/article/download/643/361>. Acesso em: 27 nov. 2013.

CÁNEPA, D.; LUDWIG, V. S. Avaliação de desempenho empresarial: estudo de caso de uma agroindústria no RS. **Revista ConTexto**, Porto Alegre, v. 2, n. 3, p. 1-21, 2002.

CHIAVENATO, I. **Gestão de pessoas**: o novo papel dos recursos humanos nas organizações. Rio de Janeiro: Elsevier, 2004.

_____. **Recursos humanos**: o capital humano das organizações. 9. ed. Rio de Janeiro: Elsevier, 2009.

CONNELLAN, T. K. **Fator humano e desenvolvimento empresarial**. São Paulo: Harper & Row do Brasil, 1984.

DICIONÁRIO PRIBERAM. **Dicionário Priberam da Língua Portuguesa**. Disponível em: <http://www.priberam.pt/dlpo/default.aspx?pal=desempenho>. Acesso em: 14 jun. 2013.

DRUCKER, P. **O melhor de Peter Drucker sobre administração**: fator humano e desempenho. Tradução de Carlos A. Malferrari. São Paulo: Pioneira Thompson Learning, 2002.

_____. **The Profession of Management**. Boston: Harvard Business School Publishing, 1998.

HANASHIRO, D. M.; TEIXEIRA, M. L. M.; ZACCAR, L. M. **Gestão do fator humano**: uma visão baseada em stakeholders. São Paulo: Saraiva, 2007.

LIMA, A. M. O grande desafio das organizações. In: ECX CARD (Org.). **Recursos humanos**: coletânea de artigos. Belo Horizonte: ECX Card, 2012. Livro II, p. 178-181. Disponível em: <http://www.ecx.com.br/ECX_Livro_RH_2_TELA.pdf>. Acesso em: 28 nov. 2013.

LIMA NETO, D. **Formulação de projetos para o setor privado**: implantando e alinhando projeto sem sua empresa. Brasília: Ceteb, 2010. Disponível em: <http://www.bookess.com/read/2486-formulacao-de-projetos-para-o-setor-privado/>. Acesso em: 22 ago. 2013.

LUCENA, M. D. S. **Avaliação de desempenho**. São Paulo: Atlas, 1992.

MEC – Ministério da Educação. **Educação superior a distância**. Disponível em: <http://portal.mec.gov.br/index.php?option=com_content&id=13105&Itemid=879>. Acesso em: 13 jan. 2014.

_____. **Legislação de educação a distância**. Disponível em: <http://portal.mec.gov.br/index.php?option=com_content&id=12778%3Alegislacao-de-educacao-a-distancia&Itemid=865>. Acesso em: 13 jan. 2014.

MEC – Ministério da Educação. Secadi – Secretaria de Educação Continuada, Alfabetização, Diversidade e Inclusão. Disponível em: <http://portal.mec.gov.br/index.php?option=com_content&view=article&id=290&Itemid=816>. Acesso em: 13 jan. 2014.

_____. Secretaria de Educação a Distância. Disponível em: <http://portal.mec.gov.br/index.php?option=com_content&view=article&id=289&Itemid=356>. Acesso em: 13 jan. 2014.

MELO, F. A. O. et al. Atuação do departamento de recursos humanos no desempenho do setor financeiro: uma nova percepção. **Cadernos UniFOA**, n. 18, p. 39-45, abr. 2012. Disponível em: <http://www.foa.org.br/cadernos/edicao/18/39.pdf>. Acesso em: 28 nov. 2013.

MOSCOVICI, F. **Desenvolvimento interpessoal**: treinamento em grupo. Rio de Janeiro: J. Olympio, 2011.

ROCHA, A. C. B. **Configuração de um sistema de avaliação de desempenho alicerçado no balanced scorecard para uma indústria de confecções de porte médio**. Dissertação (Mestrado em Engenharia de Produção) – Universidade Federal de Santa Catarina, Florianópolis, 2002. Disponível em: <https://repositorio.ufsc.br/bitstream/handle/123456789/84186/185564.pdf?sequence=1>. Acesso em: 28 nov. 2013.

ROCHA, G. A. G. A avaliação de desempenho como uma ferramenta de retenção de talentos. In: ECX CARD (Org.). **Recursos humanos**: coletânea de artigos. Belo Horizonte: ECX Card, 2012. Livro II, p. 26-30. Disponível em: <http://www.ecx.com.br/ECX_Livro_RH_2_TELA.pdf>. Acesso em: 28 nov. 2013.

SANTOS, G. M. et al. Avaliação de desempenho organizacional: uma proposta de modelo para empresas do setor de móveis planejados. In: ENCONTRO DE ESTUDOS EM ESTRATÉGIA, 5., 2011, Porto Alegre. **Anais**... Porto Alegre: Anpad. 2011. Disponível em: <http://www.anpad.org.br/diversos/trabalhos/3Es/3es_2011/2011_3ES343.pdf>. Acesso em: 27 nov. 2013.

SANTOS, R. C. F.; BERTOLDI, A. S.; MARQUES, D. S. P. The Contributions of Human Resources Practices to Organizational Performance Management Research in Different Companies in Ribeirão Preto and Region. In: RESEARCH WORKSHOP ON INSTITUTIONS AND ORGANIZATIONS, 7., 2012, São Carlos. **Anais...** São Carlos: Cors, 2012. Disponível em: <http://cors.edubit.com.br/index.php/cors/VII-RWIO/paper/viewFile/161/51>. Acesso em: 28 nov. 2013.

SHIGUNOV NETO, A. **Avaliação de desempenho:** as propostas que exigem uma nova postura dos administradores. Rio de Janeiro: Book Express, 2000.

XAVIER, R. A. P. **Gestão de pessoas na prática.** São Paulo: Gente, 2006.

Respostas

Capítulo 1

Questões para revisão
1. Todas as respostas estão corretas. Assim, a que melhor completa a resposta é a alternativa F. As pessoas tendem a resistir a mudanças por diversas razões, como preguiça, inércia, medo do desconhecido, medo de abandonar processos conhecidos para adotar processos novos e incertos, orgulho e apego aos processos constituídos, por não verem motivos para mudança, por não entenderem os porquês da mudança, por falta de suporte/incentivo da gerência. Enfim, existem inúmeras justificativas que podem ser adotadas, mas a maior parte delas remete à questão: "Por que vou mudar meus métodos de trabalho atuais se até hoje o que tenho feito funciona bem e resolve os problemas eficientemente?".
2. Todas as respostas estão corretas. Assim, a que melhor completa a resposta é a alternativa F. A razão para os recursos humanos se adaptarem ou cederem às mudanças nos processos organizacionais está baseada na ideia de evolução da organização, que lhe permite melhorar seus processos vigentes, trazendo resultados melhores, com menor margem de erros, além de mais ágeis e precisos. É importante lembrar que as organizações mudam o que é necessário para eliminar erros, falhas e inconsistências. Claro que, para se manter ativa num mercado competitivo, é importante que a organização se atualize constantemente a fim de acompanhar a concorrência, buscando gerar melhores resultados para crescer mais e eliminar a concorrência, se possível.
3. Todas as respostas estão erradas, exceto a alternativa E. É interessante para as organizações que exista mais de uma avaliação por ano para que o setor de recursos humanos consiga colher informações existentes dentro

da organização que nem sempre podem ser aferidas por simples observação. Quando a organização já tem um processo de avaliação de desempenho bem estruturado, é interessante que consiga acompanhar o desenvolvimento dos índices ao longo do ano, permitindo a seus administradores vislumbrar as tendências de comportamento de sua organização como um todo. Essa atividade de monitoramento constante permite que erros, falhas e distorções que eventualmente estejam ocorrendo sejam endereçados e que se trace uma estratégia para corrigir tais desvios. Além desse fato, é interessante que a organização consiga mapear melhor seus recursos, podendo utilizar-se de situações descobertas para alavancar ganhos em ações pontuais.

4. Inicialmente, as avaliações proporcionam inúmeros benefícios para os funcionários, pois muitas vezes é o único momento do ano em que o funcionário terá a chance de se reunir com seu gerente para entender e discutir como vai a sua carreira dentro da organização. É um momento em que o funcionário pode conversar com quem é responsável por avaliá-lo e perceber quais intenções, necessidades e tipos de abordagens serão mais eficientes dentro da organização. Além de permitir essa proximidade, o funcionário consegue perceber se existem planos da organização para ele, como a intenção de prepará-lo para assumir um novo cargo ou a intenção de promovê-lo a uma coordenação, supervisão, gerência etc.

5. Não há respostas erradas. A atividade serve para retomar o conteúdo e favorecer as reflexões e discussões do leitor em sala de aula, permitindo-lhe dividir as experiências com os colegas.

Questão para reflexão

1. Não há respostas erradas. É interessante que o leitor conheça a história de Schumpeter, grande escritor que teceu uma teoria de

inovação até hoje utilizada para embasar estudos sobre evolução tecnológica – em especial, a evolução dos mercados de ciência e tecnologia. De toda maneira, as teorias de Schumpeter servem para fundamentar quaisquer temas relacionados à mudança, à evolução e à recriação de processos, comportamentos de consumo e tecnologias.

Capítulo 2

Questões para revisão

1. O maior fator que condiciona o desempenho profissional é o esforço do indivíduo. Contudo, deve-se considerar que o esforço pode ser estimulado – ou desestimulado – por alguns outros fatores, como: pacote de benefícios da organização (que compreende todas as recompensas materiais, como salário e salários adicionais (13°, 14°, 15°, 16° etc.), férias, bônus, licenças remuneradas, participação por resultados (PPR), participação nos lucros e resultados (PLR), vale-alimentação (VA), vale-refeição (VR), vale-combustível (VC), vale-transporte (VT), convênio médico, convênio odontológico, incentivos para estudar idiomas, incentivos para fazer cursos de graduação, pós-graduação etc.), capacidades e habilidades intelectuais (conhecimentos do funcionário, formação profissional, domínio de *softwares* e ferramentas que facilitam seu trabalho diário) e percepções do ambiente (como saber qual o seu papel dentro da organização, o que é esperado desse indivíduo, o que é esperado do seu cargo, quais são suas funções, como o chefe gostaria que o trabalho fosse desenvolvido, qual a postura esperada do funcionário para o cargo que ocupa e percepções com relação ao quanto vale a pena para o funcionário se esforçar para atingir determinadas metas). Esse conjunto de itens pode condicionar o desempenho do profissional, sendo possível alterar essas variáveis com o intuito de favorecer desempenhos melhores.

2. O item 1 indica a percepção do indivíduo com relação ao valor das recompensas; o item

2 indica as capacidades e habilidades do indivíduo; o item 3 indica as percepções do indivíduo com relação às recompensas que dependem de seu esforço; o item 4 indica as percepções de seu papel profissional dentro da organização. Os dados descritos no Exercício 1 deste capítulo complementam esta resposta.

3. c
A avaliação de desempenho é uma atividade que requer a exposição de alguns fatos que ocorrem dentro da organização. Frequentemente, essa tarefa não é fácil, pois as opiniões do gestor podem ser baseadas somente em suas percepções, e não em fatos reais. No entanto, a teoria indica que se deve procurar manter um clima organizacional de respeito e confiança, no qual os funcionários são encorajados a assumir responsabilidades e a definir metas para o seu próprio trabalho. A teoria também versa sobre a instauração de um estilo organizacional mais democrático, participativo e consultivo, no qual os administradores trabalhem como comunicadores eficientes, mostrando aos liderados em qual direção a organização deve ir, auxiliando-os a atingir o futuro que a organização espera para si e favorecendo um ambiente acolhedor de mudanças e evolução contínua, que fortalece o senso da necessidade de aprendizagem, trocas de experiências, inovação etc. Deve-se, acima de tudo, utilizar os processos de avaliação de desempenho como se fossem um minucioso processo diagnóstico, eliminando-se ao máximo as subjetividades de julgamentos pessoais.

4. Os fatores indicados na figura devem ser analisados previamente à avaliação de desempenho profissional, porque essas informações são insumos utilizados não somente para construir a descrição de cargos e funções dentro da organização, mas também para a organização recrutar, selecionar, treinar, desenvolver, avaliar o desempenho e monitorar a gestão de cargos e salários. As informações contidas no quadro são utilizadas para a organização compreender em que condições e em que cenário se encontra, quais

são os conhecimentos que detém, de quais conhecimentos precisa e que ainda não tem e de quais conhecimentos precisará num futuro breve. O quadro também indica ferramentas e métodos que podem ser utilizados para levantar dados sobre o trabalho.

5. a

Questão para reflexão

1. Não há respostas certas nem erradas. A atividade busca incitar o leitor a trabalhar sua criatividade para desenhar um fluxograma do processo de avaliação de desempenho, o que o obrigará a aplicar todo o conteúdo apresentado até o momento. Certamente, o leitor perceberá que ainda não tem todo o conhecimento necessário sobre avaliações de desempenho e, então, buscará verificar mais informações para completar a tarefa.

Capítulo 3

Questões para revisão

1. g, b, a, f, e, c, d
2. b

Quando há uma equipe envolvida na avaliação de um funcionário, é preciso que se tome cuidado com o que os participantes falam para evitar expor os avaliados a situações desconfortáveis e/ou vexatórias, assim como a processos judiciais. Além disso, quando as avaliações são feitas em equipes maiores, isso pode tornar o processo avaliatório muito moroso, já que o número de pessoas participantes também é grande.

Com relação aos objetivos consensuais, é interessante que, nesse tipo de avaliação, consiga-se conciliar tanto os objetivos enxergados pelo avaliador quanto os enxergados pelo avaliado. Isso garante que não existam imposições unilaterais que gerem apenas desconforto ou descontentamento.

É possível que exista alguma margem de negociação com relação às metas a serem traçadas, fazendo com que os avaliados encontrem sentido lógico no que lhes será cobrado posteriormente. Para a organização, isso é ótimo, porque o funcionário poderá dedicar-se plenamente ao que de fato interessa, pois compreenderá a importância dos objetivos estipulados. Com relação ao comprometimento mútuo, quando o funcionário participa da criação de algo, ele se sente responsável por aquilo. Assim, quando há uma avaliação mista na qual o funcionário avaliado participa da definição de suas próprias metas e objetivos, ele mantém maior nível de comprometimento consigo e com a organização. Nesse modelo, o avaliado também fica numa posição mais favorável para cobrar da organização e de seus próprios gestores as ferramentas e os recursos necessários para desempenhar seu trabalho da melhor forma. Isso significa afirmar que o avaliado poderá pleitear participação em cursos de aperfeiçoamento, cursos de idiomas e tudo o mais que julgar necessário para melhorar seu desempenho. Com relação ao desempenho em si, o funcionário pode já deixar acordado como fará para atingir cada meta, quais métodos serão utilizados e como os gestores realizarão o acompanhamento desses dados.

3. Devem ser citados quatro itens: objetivos consensuais, comprometimento mútuo, recursos necessários e desempenho. Com relação aos objetivos consensuais, é interessante que os objetivos da avaliação sejam traçados conjuntamente com o avaliador e o avaliado. Essa negociação entre as partes é ótima para a organização, visto que o funcionário se dedicará de forma plena a tão somente estes objetivos. Com relação ao comprometimento mútuo, quando o funcionário é participante da criação da solução ou de algum processo, ele passa a sentir-se mais comprometido, se tornando mais engajado na causa. Com relação aos recursos necessários, se tudo já for negociado previamente, tudo fica mais fácil na hora de se cobrar o desempenho esperado. Por fim, no que concerne ao desempenho em si, se os métodos definidos para atingir as metas já tiverem sido definidos previamente, assim como indicadores, os gestores realizarão o acompanhamento desses dados de maneira mais rápida.

4. a) Método de escalas forçadas: Sua preparação é muito complexa e morosa, exigindo o trabalho de profissionais como psicólogos e estatísticos.
   b) Método de incidentes críticos: Sua utilização pode não ter o foco específico de que a organização precisa, tornando-se um esforço que traz, de fato, poucos resultados utilizáveis.
   c) Método comparativo: O método comparativo é muito pouco eficiente e não traduz toda a realidade dos fatos, pois foca apenas um único aspecto, ignorando todo o restante.
   d) Método 360°: Pode causar desconforto ao avaliado, pois, sabendo que é julgado por diversos funcionários, ele pode sentir-se exposto a situações desconfortáveis e desfavoráveis, causando-lhe embaraço e vulnerabilidade.
5. c
   Cada organização é responsável por definir quem deve avaliar e quem deve ser avaliado, não os seus respectivos sindicatos. De forma geral, as avaliações seguem o padrão em que o subordinado é avaliado por seu superior hierárquico ou funcional. Avaliação realizada pelo gerente/gestor é o tipo de avaliação mais antigo e, provavelmente, o modelo mais presente. Assim, quem avalia os subordinados é o gerente/gestor. O modelo de autoavaliação está presente em organizações muito modernas e democráticas. Nesse modelo, é o próprio indivíduo subordinado que realiza sua avaliação de desempenho.

Capítulo 4

Questões para revisão
1. De fato, o mercado de trabalho busca mais esse perfil de profissional. Inicialmente, pode-se afirmar que é um diferencial do profissional. Em segundo lugar, é possível afirmar também que o mercado de trabalho está abarrotado de profissionais que competem pelas mesmas vagas e, para as organizações, escolher o mais atualizado pode ser o único critério de desempate entre um e outro profissional.

2. a

Conversas de elevador com o chefe não são consideradas *feedback*, pois não houve preparo, organização, nem é o ambiente adequado para se abordarem determinados assuntos. Mas pode-se considerar que foi uma conversa franca. Certamente, um passeio no elevador não oferece tempo suficiente para conversar sobre todos os temas de uma avaliação de desempenho com um processo de *feedback* adequado, mas não significa que seu conteúdo seja leviano e não tenha objetivos.

Uma sessão de *feedback* deve ocorrer formalmente, com data e hora marcada, além de uma pauta específica, para que ambas as partes exponham seus pontos de vista, e a situação seja completamente entendida pelos dois lados.

Toda sessão de *feedback* deve ser registrada formalmente, em um documento específico, ou até por *e-mail*.

Opiniões sobre assuntos não relacionados a trabalho não podem ser consideradas de cunho profissional; contudo, é válido lembrar que todo *feedback* se baseia em alguma percepção, seja ela real ou não.

3. b

Para Chiavenato (2009, p. 265), organizações mais modernas seguem a tendência de ter quadros funcionais menos hierarquizados, tornando as organizações mais horizontalizadas, o que pode ser bastante positivo no sentido de aproximar os funcionários. Isso denota que avaliações fortemente estruturadas (que envolvem um estudo mais criterioso desde os mais altos níveis estratégicos, passando pelos níveis táticos e incluindo o operacional) estão se transformando, perdendo a força que já tiveram no passado.

Isso ocorre porque as avaliações tendem a se tornar mais qualitativas, já que os avaliados trabalham mais proximamente aos avaliadores. De toda forma, é impossível evitar completamente a subjetividade nas avaliações, mas é interessante que, quando as metas são definidas, os avaliados exijam que estas sejam mensuráveis, deixando a maior parte das questões qualitativas fora da avaliação.

4. d
Os dados qualitativos representam valiosos elementos da avaliação de desempenho – seja da equipe, seja do indivíduo –, complementando e aprofundando os fatos que não podem ser contados pelos números. Entretanto, tornar as avaliações somente qualitativas dificultaria o trabalho dos profissionais de recursos humanos, pois a tarefa em interpretar os dados gerais da organização se tornaria ainda mais complexa e difícil. De todo modo, Bader, Bloom e Chang (2000, p. 85) elucidam que dados qualitativos complementam os dados quantitativos, podendo oferecer informações preciosíssimas durante as sessões de *feedback*. Chiavenato (2009) explica que há uma tendência de as organizações investirem no desenvolvimento de seus profissionais, estimulando-os a buscar a excelência diária em suas atividades profissionais, pois, além de perceberem a necessidade de flexibilizar os processos, também sentem que precisam controlá-los para poder acompanhar sua evolução e possíveis necessidades futuras. Ou seja, monitorar, além de ser necessário, proporciona à organização saber se os estímulos fornecidos estão guiando seus funcionários na direção desejada.

5. a
Avaliar funcionários e não desenvolver uma ação com base nos dados coletados é um erro. É tarefa dos avaliadores analisar os resultados das avaliações, discutir pontos relevantes com os avaliados e estabelecer um plano de ação para que seja possível obter melhores resultados o quanto antes (Bader; Bloom; Chang, 2000, p. 92).

6. A seguir, apresentam-se possíveis respostas ao exercício proposto.

Características	Qualitativas	Quantitativas
Objetividade	Nem sempre a avaliação qualitativa pode ter alto nível de objetividade, visto que muitas características acabam por ser definidas em função da opinião de uma única pessoa.	Avaliações quantitativas são altamente objetivas, e nelas os resultados de desempenho podem ser facilmente visualizados.
Imparcialidade	A imparcialidade pode ser comprometida em avaliações qualitativas, pois depende do perfil do avaliador, que poderia facilmente favorecer a avaliação de algum amigo ou colega benquisto.	A imparcialidade em avaliações quantitativas é obtida com maior facilidade. Basta que os parâmetros de avaliação sejam bem definidos antes do período de avaliação SMART, para que o processo avaliativo seja bem conduzido.
Fragilidade	A principal fragilidade da avaliação qualitativa é que ela pode apresentar o efeito halo.	A principal fragilidade de uma avaliação unicamente quantitativa é que não se pode avaliar o funcionário em sua plenitude sem que sejam considerados fatores qualitativos. Muitas vezes não é possível criar uma avaliação puramente quantitativa, pois o desempenho da operação pode não refletir o desempenho do funcionário.

Sobre os autores

Cley Jonir Foster Jardeweski é mestre em Administração pela Universidade Federal do Paraná (UFPR), participante da linha de pesquisa "Tecnologia, qualidade e competitividade". Sua pesquisa acadêmico-científica de mestrado versou sobre transferência de tecnologia por meio da internacionalização de recursos humanos (expatriados). É bacharel em Administração de Empresas, com habilitação em Comércio Exterior pela atual Universidade Positivo (UP); atuante na área de gestão de projetos de tecnologia, qualidade e garantias há mais de oito anos em empresas multinacionais de grande porte; e bacharelando em Quiropraxia pela Universidade Anhembi Morumbi (UAM), em São Paulo (SP). Atuou como professor tutor do curso de Administração Pública da UFPR, como professor universitário na Universidade Ibirapuera (Unib) para os cursos técnicos de Qualidade e como professor universitário na Universidade Paulista (Unip) para os cursos técnicos de Logística, Gestão de Processos e Gestão Financeira. Atualmente é professor tutor dos cursos de gestão executiva da Universidade Anhembi Morumbi (UAM), em São Paulo (SP).

Gustavo Luiz Foster Jardeweski é pós-graduado em MBA Internacional em Marketing e Negócios pela Escuela Superior de Ingenieros Comerciales – Marketing & Business School (Esic), em Curitiba (PR) e Madrid, Espanha. É bacharel em Administração de Empresas pelo Instituto de Ciências Sociais do Paraná e Fundação de Estudos Sociais do Paraná (ICSP-Fesp) e também bacharel em Odontologia pela atual Universidade Positivo (UP), em Curitiba (PR). Atua nas áreas de gestão empresarial com marketing, projetos, planejamento, programação e controle de produção, importação, qualidade, garantia, manutenção de contratos, logística e compras nacionais e internacionais de serviços, peças e produtos dentro de indústrias automobilísticas de médio e grande porte há aproximadamente cinco anos, com foco nos departamentos de pós-vendas.

Impressão: BSSCARD
Agosto/2014